"抵御外侮——中华英豪传奇"丛书

丛书主编　张海鹏

驱夷保岛

郑成功

黄　强◎著

南京出版传媒集团
南京出版社

图书在版编目(CIP)数据

驱夷保岛郑成功 / 黄强著. -- 南京 : 南京出版社，2016.4

（抵御外侮 : 中华英豪传奇）

ISBN 978-7-5533-1243-9

Ⅰ. ①驱… Ⅱ. ①黄… Ⅲ. ①郑成功(1624～1662)—生平事迹 Ⅳ. ①K825.2

中国版本图书馆CIP数据核字(2016)第035701号

书　　名　驱夷保岛郑成功
作　　者　黄　强
出版发行　南京出版传媒集团
　　　　　　南 京 出 版 社

社址：南京市太平门街53号　邮编：210016
网址：http://www.njcbs.cn　电子信箱：njcbs1988@163.com
联系电话：025-83283893、83283864(营销)　025-83112257(编务)

出 版 人　朱同芳
出 品 人　卢海鸣
责任编辑　江山华
封面设计　王　俊　王　敏
责任印制　杨福彬

排　　版　南京新洲印刷有限公司
印　　刷　江苏凤凰通达印刷有限公司
开　　本　787毫米×1092毫米　1/32
印　　张　5.125
字　　数　85千字
版　　次　2016年4月第1版
印　　次　2023年11月第6次印刷
书　　号　ISBN 978-7-5533-1243-9
定　　价　18.00元

用微信或京东APP扫码购书

用淘宝APP扫码购书

上架建议：教育·历史

编 委 会

总　序

在中华民族的历史上，沿海倭寇的肆意袭扰，西方列强的坚船利炮，侵华日军的烽火狼烟，一次又一次将中华民族推向生死存亡的边缘，给中华民族带来了深重的灾难与难以磨灭的痛苦记忆。中国从一个封建国家演变为一个半殖民地半封建国家。国运危亡，威胁着每一个中国人。

天下兴亡，匹夫有责。抵御外侮，救亡图存，成为面临外敌入侵、民族危亡时中国人思考的第一课题。也正是在这样的危难时刻，中华民族产生出一个又一个舍生取义、矢志报国的英雄豪杰，他们一回又一回地挽狂澜于既倒，扶大厦于将倾。他们的丰功伟绩，不只是单纯地拯救了某个王朝，某个皇帝，而是拯救了整个中华民族的血脉与希望；正像我们的国歌所唱的那样:把我们的血肉铸成新的长城,他们的奋斗和牺牲,把中国的历史命运一次一次推向一个进步的新阶段;他们的高风亮节,不只是中华儿女景仰、学习的榜样,也是人类不屈不挠、英勇抗暴精神的象征。抗敌御侮的英雄事迹,构成了中华优秀传统的新的篇章。

中华民族没有在外敌面前屈服、倒下,而是在一次一次斗争后走向新生,走向进步。作为唯一延续至今未曾中断过的中华文明不断在成长,中华民族依旧傲然挺立于世界民族之林,中华民族的文化传统,不仅没有消逝在历史长河之中,反而发扬光大,成为造就中国特色社会主义的基本历史因素。

为了歌颂中华英豪的爱国精神,为了纪念中国人民抵御外侮的伟大事迹,为了弘扬优秀的传统文化,南京出版传媒集团·南京出版社推出“抵御外侮——中华英豪传奇”丛书。

这套丛书是面向青少年的普及性读物,聘请各有所长的学者撰写,力图用生动活泼的语言,引人入胜的故事,准确的历史事实,努力展现明清以来各个时期抵御外侮的英雄豪杰的事迹,描绘每一位英豪的成长历程和闪光人生，再现了他们人生的不朽光辉。丛书通过这些在抵御外侮中发挥重大作用的英雄人物，向广大青少年表达了中华民族热爱和平、热爱祖国的家国情怀。

如今，我们正走在中华民族复兴的伟大征程之上，国家发展前程似锦，国际地位日益提高，全世界的目光都在转向中国，可以说，今天的中国距离中华民族复兴的伟大梦想，比以往任何时候都更为接近了。越是在这种时候，我们越是要记住为实现中华民族伟大梦想而奋斗、而牺牲的先烈；在我们昂首阔步走向未来新征程的路上，我们更应该居安思危、以史为鉴。历史已经证明：每一段抵御外侮的历史，都是一段维护正义的历史；每一场抵御外侮的斗争，都是一场维护和平的斗争；每一次抵御外侮的奋斗，都是一次为了实现人民美好生活的奋斗，正义终将胜利，和平终将胜利，人民终将胜利。

“抵御外侮——中华英豪传奇”丛书在传播正能量、弘扬爱国主义情怀的同时，提醒我们，在和平时期，抵御外侮的精神同样不可或缺，抵御外侮的英豪也同样不应遗忘，我们今时今日所有的成就与繁荣，离了这种精神、这些英豪，都是万万不可想象的。

“抵御外侮——中华英豪传奇”丛书，不只是为了缅怀先烈，更是为了激励后人；不只是为了铭记历史，更是为了展望未来。

为青少年编写历史小丛书，是一项崇高的事业。20世纪50—60年代，吴晗主编了《中国历史小丛书》《世界历史小丛书》，对当时的青少年起到了历史教育的奠基作用，事实证明是成功的出版经验。我期待南京出版社继起努力，把这个崇高的事业承担起来，拓展开来。为这个崇高的事业投入人力、物力和财力，是会得到善报的，这个善报，不在多少金钱，而在一代一代具有丰富历史知识的青少年的成长，他们将成为国家的栋梁。

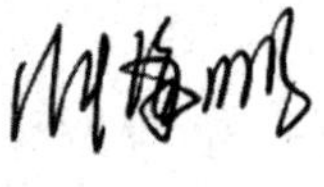

（中国社会科学院学部委员、中国史学会原会长）

目录

引　言

浩瀚的东海，有一座土地肥沃、物产富饶的美丽宝岛，就像一颗明珠，熠熠生辉。它东临太平洋，东北邻琉球群岛，南界巴士海峡与菲律宾群岛相对，西隔台湾海峡与福建省相望，它就是中国第一大岛——台湾岛。围绕着宝岛，还有一群小岛：澎湖列岛、绿岛、钓鱼岛、兰屿等，仿佛一把珍珠散落在大海之中……

台湾曾经有过不堪回首的屈辱，300 多年前，台湾岛被荷兰和西班牙侵占，财富被掠夺，人民饱受外侮欺压。民族英雄郑成功心忧天下，1662 年挥师进入台湾岛，与荷兰侵略者激战，攻克赤崁城，迫使台湾殖民当局长官揆一缴械投降，将荷兰侵略者赶出台湾，使宝岛回归祖国。郑成功在台湾大力发展经济，屯田垦荒，实行开放政策，吸引大陆居民来到宝岛发展生产，开拓贸易。由于常年征战，积劳成疾的郑成功在收复台湾几个月后，就在此病逝。

19世纪末，日本对中国虎视眈眈，对中国的宝岛更是垂涎不已。1894年7月，中日甲午战争爆发，曾经在中法战争中痛击法军、击毙其主将安邺的黑旗军将领刘永福被调任台湾，协助巡抚邵友濂办理防务。刘永福高举黑旗军大旗，与侵略台湾的日军血战，彰化城北的八卦山之战，很多将士血染疆场。面对敌强我弱的劣势，刘永福与台湾军民并没有屈服，各路义军协力作战，相继克复云林、苗栗，反攻彰化。终因清政府断绝对台增援，双方力量对比悬殊，寡不敌众。刘永福仰天捶胸，大哭："我何以报朝廷，何以对台民！"

黄海大东沟硝烟散去，中国水师北洋舰队被日本联合舰队击败，1895年清政府与日本签订了丧权辱国的《马关条约》，美丽的宝岛又一次被迫离开母亲怀抱。

直到1945年，二战结束，日本战败，台湾光复。饱受欺压、侮辱的宝岛，再次回归祖国母亲怀抱。他历经沧桑，他泪流满面，而母亲则紧紧地搂着他……

第一章　少年当自强

郑成功是驱赶荷兰侵略者、收复台湾的英雄；是激励中国人自强自立，不屈服外来侵略，顽强奋斗、勇敢向前的民族榜样。

300 多年前，台湾海峡的硝烟仿佛就在我们眼前。炮声中，郑成功站立船头，他挥舞宝剑，神情若定，剑锋所指，一批批荷兰军士被奋勇向前的中国将士打倒。尽管中国将士浑身上下也是伤痕累累，血肉模糊，但他们依然无所畏惧，奋力厮杀，用血肉之躯谱写着中国人抵御外侮的一曲颂歌。中国人是不可战胜的，中国人是不会低下高昂的头颅的，中国人的顽强写进了骨子里，中国人的精神流淌在血液中。

吹散硝烟，拂去史籍上的浮尘，郑成功向我们走来，身影由模糊渐渐清晰。他目光深邃，步伐坚实，身材伟岸，神态坚毅……

一、风雨之中海边降生

明熹宗天启四年七月十四日(1624 年 8 月 27 日),日本九州西部平户川(今长崎县松浦郡)的千里滨,风和日丽,大腹便便的田川氏在海边散步。田川氏就住在附近,大海是她熟悉的地方,她经常在海边漫步、拾贝壳,欣赏阳光下的美景。丈夫带着船队外出,她伫立岸边,目送帆影渐渐远去。大海的波浪,海边的贝壳,归来的船只,都是她熟悉的景物。

孩子很不老实,小脚在她肚子里蹬着,田川氏抚摸肚皮,脸上露出欣慰的笑容,幸福感写在了年轻母亲的脸上。

忽然天色大变,乌云翻滚、天空黯淡、大风骤起,海面兴起波涛,顿时电闪雷鸣,田川氏知道大雨来临,赶紧找地方躲避。但是她步履一加快,肚子就突然疼痛起来,她知道要分娩了,可是附近无人可以帮助她。她踉跄着找到一块大石,刚刚依靠在大石下,大雨就倾盆而下,狂风呼啸,好在大石勉强可以抵挡暴风雨。阵痛之后,孩子出生了,一个坚强的小生命啼叫着,田川氏用衣裳包裹住孩子。海边的天气变化无常,刚才还是风雨交加,孩子出生

日本平户川的“郑成功儿诞石”

后，风住雨停，波涛平静。

这个在风雨之中诞生的小生命就是后来大名鼎鼎的郑成功。那块庇护了他的大石头，被称为“儿诞石”，至今还屹立在千里滨的海滩上，石头旁竖立了一块石碑“郑成功儿诞石”。

郑成功幼名福松，本名森，字名俨，号大木。在他刚满月时，他的父亲郑芝龙因密谋推翻德川幕府，走漏风声后不得不撇下郑成功母子，只身逃离日本。

二、海商兼海盗的郑芝龙

郑成功的父亲郑芝龙(1604—1661)并非等闲之辈，他是福建泉州府人，其父郑绍祖在乡里很有威望，精于生意，略通文墨，在乡里说一不二。郑家到郑绍祖这代，因其善于经营，家境殷实起来，置地建房，成为当地的富户。郑氏兄弟五人(郑芝龙、郑芝虎、郑芝豹、郑芝麟、郑芝凤)，郑芝龙是长子，虽得到父亲的宠爱，但是由于郑绍祖脾气暴躁，在家里独断专行，五兄弟也只有唯唯诺诺。

明天启元年(1621)，郑芝龙背井离乡，来到广东香山澳(今澳门，当时属于广东香山县)跟随舅舅黄程学习经商，经常往来于澳门、日本、吕宋(今菲律宾)。在澳门，郑芝龙接受了天主教洗礼，成为天主教教徒。他很有语言天赋，在与洋人打交道中，学会了日语、西班牙语、葡萄牙语等多种语言。天启三年(1623)五月，郑芝龙押送货物去日本，在平川港结识了华侨铁匠翁翊皇，他看上了翁的日本养女田川平子，不久就娶了田川氏。因为郑芝龙娶过亲，田川氏算是他的侧室。

认识商人李旦是郑芝龙命运的一个转折点。李旦是泉州人，与郑芝龙是同乡，他是当时东南海域最有名的华人大海商，拥有一支船队，从事海外贸易。郑芝龙加入了李旦的集团，并在押船贸易经营中，得到了李旦的信任，被其收为义子。李旦死后，郑芝龙继承了他的大部分财产，为其海商事业发展奠定了基础。在日本期间，郑芝龙结识了福建海澄人颜思齐，不久加入了以颜思齐为首的海盗集团。因为策划反对德川幕府的行动泄密，受到通缉，郑芝龙等人逃离日本，躲避到台湾北港。

天启五年(1625)九月，颜思齐在台湾染病身亡，郑芝龙顺理成章地成为海盗、海商集团的新首脑。郑芝龙以台湾为基地，收购江南一带的奇珍异宝并贩卖，经济实力大增。同时，他还兼海盗营生，掠夺财富。在经商与海盗活动中，郑芝龙发挥了他的组织与领导能力。与杀人越货的海盗不一样，郑芝龙遇贫寒者给钱，对有功者重赏，对提供信息情报的也给予奖励。因为重义气，讲信用，不吝财，军纪严，不扰民，不掠女，纵火焚烧的事情都不许干，郑芝龙在东南海域颇有威望。当时，福建连年大旱，很多饥民(包括老家泉州的一些亲戚、同乡)投奔郑芝龙，他借此机会广纳人员。很快，郑芝龙的船只达到上千艘，人员也数万，势力迅速扩张，成为福建海域最大的具有武装能力的船队。

郑芝龙海上势力日益壮大，对明朝形成威胁。明朝曾经发起三次对郑芝龙的围剿，但是他非常狡猾，善用计谋，船队势力大，又善于海战，明朝的海上力量不是郑芝龙的对手。三战三败之后，明朝不得不重新认识郑芝龙的实力。明朝的军队一方面要对付各地风起云涌的农民起义军；另一方面又要腾出力量，抵御来自白山黑水女真族建立的后金政权的侵袭，非常力不从心。在东南海上，荷兰人垂涎台湾，迟暮的明政府不得不采取招安郑芝龙的下策，用郑芝龙的力量来抗衡荷兰人以及其他海上势力。

郑芝龙投身海盗有不得已的苦衷，保住海盗力量，又摇身一变成为官军，身份由黑变白，正是他求之不得的。招安收编，归顺朝廷，掌管东南海域，双方一拍即合。海盗兼海商的郑芝龙被明政府授予五虎游击将军的官衔，其势力范围由台湾转向东南沿海一带。收编后的郑芝龙没让朝廷失望，他用强大的海上力量，用超乎其他海盗的军事谋略，以官军的身份接二连三地对东南沿海一带的海盗进行清剿，消灭了横行澎湖的李魁奇、盘踞金乌洋的杨禄、占据闽安的褚采老、霸占粤东的刘香等多支海盗团伙。

明朝末年，内忧外患，西方殖民者向东侵犯，不断窥视中国内地。从明万历二十九年(1601)开始,荷兰人首次派出船队来到中国,欲开辟贸易渠道,碰壁而归。两年后,荷兰东印度公司派船前往葡萄牙人占领的澳门寻求互市,再次碰壁。

天启二年(1622)荷兰舰队司令雷尔生率12艘荷、英舰只偷袭澳门失败后,雷尔生因与英舰将领意见相左,独自率领荷舰北上,占领了澎湖。1624年8月荷军被明军驱赶,撤往台湾,随后在台南修建热兰遮城(台湾城)、普罗文查城(赤崁城)。

1626年6月,西班牙船队沿台湾东海岸向北航行,抵达该岛东北角海湾,在港湾外和平岛兴建圣萨尔瓦多城堡,开启了西班牙统治北台湾时代,直到1642年被荷兰人驱离而止。

成为明朝武将之后,郑芝龙立即向侵占台湾的荷兰侵略者宣战。崇祯六年(1633),在厦门海上,郑芝龙的舰队对阵荷兰舰队。荷兰舰队是当时势力最强的海上霸主,面对强大的敌人,郑芝龙不急不躁,指挥若定,他采取三面夹击的作战方法,攻击荷兰舰船。荷兰舰队共有59艘舰船,舰船体量大,攻击能力强,然而面对数倍于己的中国舰只的三面夹击,也只有招架之功。海战中郑军一举摧毁荷兰舰只50多艘,生擒荷兰官兵119人,烧死、溺死的荷兰官兵有上千人，荷兰舰队几乎是全军覆没。号称世界最强海军的荷兰舰队败在了中国舰队手下，荷军指挥官落荒而逃。至此，郑芝龙一统东南沿海，成为名副其实的闽海王。郑芝龙海上势力的崛起，为郑成功后来掌握水师、称雄海上、力克荷夷、收复台湾，奠定了良好的基础。

三、平户川"小剑客"

郑芝龙逃离日本时，郑成功刚刚满月，田川氏一人带着孩子生活，没有族人照应，非常艰难。郑成功小时候经常受到日本孩子的欺负，但是他却不服气。小成功问母亲："为什么那些孩子欺负我？"田川氏告诉他："因为我们家穷，父亲又不在身边，再说你父亲是反对德川政府被迫出逃的，等你长大了、成才了、有力量了，别人就不敢欺负了。"母亲的话，深深地烙在小成功的心里。他下了决心，努力学习，强壮身体，练出本领，不看别人的冷眼，不受他人的欺辱。

母亲田川氏通晓中国文字，她教儿子说中国话，识中国字，同时讲解《百家姓》《三字经》等蒙学读物。双语教学，让小成功很小就熟悉中文、日文。听岳飞、文天祥、戚继光等中国历史上精忠报国的英雄故事，是郑成功每天入睡前的“必修课程”，母亲总是一遍遍地讲，每一次都声情并茂。中华民族英雄的形象，在他心里树立：我要学他们，像他们一样成为顶天立地的英雄。

田川氏对小成功倾注了所有心血，要培养他成为真正的男子汉。6 岁时，母亲将小成功送去学习剑术。郑芝龙是武将，他的儿子必须文武双全，青出于蓝而胜于蓝，德才并举。“大丈夫必有四方之志，乃仗剑去国，辞亲远游”（李白《上安州裴长史书》），激励着郑成功；“一身转战三千里，一剑曾当百万师”（王维《老将行》）的铮铮誓言，让小成功过目不忘；“昔有佳人公孙氏，一舞剑器动四方。观者如山色沮丧，天地为之久低昂。霍如羿射九日落，矫如群帝骖龙翔”（《剑器行》）。杜甫笔下的公孙大娘，善舞剑器，挥洒出大唐盛世的万千气象，让小成功向往。剑有剑气，剑有剑魂，剑是剑客之法器，剑是制敌之利器，剑锋所指，所向披靡，“剑气凌云，而屈迹于万夫之下”（南朝梁任昉《宣德皇后令》），小成功铭记在心。他对剑术颇为痴迷，小小年纪，竟然舞得一手好剑法，不久就有了“小剑客”的赞誉。

四、就读南京国子监

7 岁是郑成功人生的第一个转折点。郑芝龙逃离日本后，事业渐渐风生水起，成为明朝将领、东南沿海闽海王。生活稳定下来后，他思念在日本的妻儿，想把母子俩接到身边。当时日本政府有令，禁止本国女子出国。经过交涉，日本政府觉得郑芝龙海上势力独霸一方，不可小觑，不能得罪，采取了折中的办法：田川氏不能出国，其子郑成功可以被接回中国。

就这样，年仅 7 岁的郑成功告别了日本，离开了母亲，远渡海峡，回到他的祖国——中国。在日本时，郑成功幼名福松；踏上福建大地后，郑芝龙给他取名森——郑森，希望他能如森林般挺拔繁茂，坚贞不屈。

晋江安平（今福建晋江安海镇）郑府比日本平户川的住所要宽敞、豪华，但是奢华的生活并没消磨郑成功的意志，他对饭来张口、衣来伸手的生活并不眷念，他喜欢读书。在中国大地上，最让他高兴的是他所喜欢的书都能找到。他最爱读《春秋》《孙子兵法》，这两本书对他的一生影响很大：《春秋》培养他忠君爱国思想，《孙子兵法》教会他排兵布阵、打仗计谋。老师教诲、传统文化，熏陶着小成功，由此铸就了他精忠报国的思想，为他若干年后叱咤东南、抗清驱荷夷的壮举打下了基础。

少年郑成功曾在安海星塔下读书

明崇祯十一年(1638),15 岁的郑成功升入南安县学。崇祯十七年(1644),考入南京国子监,成为明代最高学府的一名生员。在那里,郑成功遇到了钱谦益,一个名重一时的大诗人,他拜在钱谦益门下。钱谦益为郑成功取字“大木”,寓意“国家栋梁”。老师非常欣赏这名学生,称赞他:“此人英雄,非他人能比。”钱谦益说的没错,郑成功后来成为让后世敬仰的英雄。

小贴士

钱谦益(1582—1664):明末清初散文家、诗人,清初诗坛的盟主之一,字受之,号牧斋,晚号蒙叟。江苏常熟人。明万历年间进士,官至礼部侍郎,因与温体仁争权失败而被革职。南明弘光朝,为礼部尚书。后降清,为礼部侍郎,管秘书院事,充《明史》馆副总裁。钱谦益学问渊博,泛览子、史、文籍与佛藏。

明末内忧外患，形势危急，郑成功在国子监读书时，无时无刻不关注国家的安危。他曾经夜访钱谦益，袒露自己的心迹：“君主要知人善任，要有广阔的胸襟和长远眼光，未雨绸缪，精练军队，秣马厉兵。”对于郑成功的见解，钱谦益欣赏，却不予肯定。以他的经验，这些想法难以实现。他对郑成功说：“你的想法很好，不过太天真了，毕竟是纸上谈兵。世事难料，尤其在风雨飘摇的时局下难以实现，说起来容易做起来难呀。”

年少气盛、胸怀天下的郑成功对于老师的否定，不予认同。“能不能做到是一回事，想不想做又是一回事，只要下决心，不贪图个人名利，不计较自己得失，就没有做不到的。即便只有三千兵丁，也可以形成一股力量，力挽狂澜。”郑成功虽然年轻，胸襟却很大，儒家知其不可为而为之的思想深深地刻在他脑海中，为民族、为国家，何惧个人安危？郑成功是这么想的，也是这么做的，“破釜沉舟，三千越甲可吞吴”。郑成功的一番话，让钱谦益对他刮目相看。钱谦益知道这个学生胆识、见识非一般人可比，将来必定是国家的栋梁。

在南京国子监，郑成功勤勉学习，学问日渐进步，思想日益成熟。他还结识了一批东林、复社的朋友，与他们切磋学问，砥砺品行。东林党人、复社成员不畏强权、为民请命的精神激励着他;忠君爱国、坚守气节的思想感染着他。以身许国,何事不可为?郑成功下定决心。

小贴士

国子监:中国古代隋朝以后的中央官学,最高学府。明朝国子监创于明太祖初定金陵时,先改应天府学为国子学,又重建校舍于鸡笼山下,改学为监,故称国子监。明洪武二十六年(1393),南京国子监学生有8000多名。永乐十八年(1420),明成祖迁都北京,改北京国子监为京师国子监,于是明代国学有南北两监之分(亦称南北两雍)。永乐二十年(1422),北京国子监学生达9900多人,盛况空前。清顺治七年(1650),南京国子监改为江宁府学。

东林党:明朝晚期以江南士大夫为主的政治集团。万历三十二年(1604),被革职还乡的顾宪成等人修复宋代杨时讲学的无锡东林书院,与高攀龙、钱一本等讲学其中。讲习之余,讽议朝政,在社会上形成广泛影响。"东林党"之"党",是朋党而不是近代政党。

复社：明末清初江南地区的政治集团，政治态度上倾向东林党，反对阉党腐败政治，后期又有一部分东林党人后裔加入，又称小东林。复社原本是个文人社团，崇祯二年(1629)成立于江苏吴江(今属江苏)，由十多个社团联合而成，主要领导人为江苏太仓人张溥、张采。复社的影响鼎盛时，可以干预科举考试、地方行政，以及内阁辅臣的更迭，成为在野却影响朝政的一种势力。清顺治九年(1652)被清政府取缔。

南明弘光元年(1645)五月，传来兵部尚书史可法在扬州抗击清军壮烈牺牲，清军扬州屠城十日的消息。史可法勇赴国难、宁死不屈的壮举，触动了郑成功的心弦，为他树立了榜样。位卑未敢忘忧国，覆巢之下，安有完卵？为国尽忠，甘洒热血，青年郑成功明确了他人生的方向，一步步向前。

第二章 国姓爷郑成功

明朝末年，官场腐败，统治者内部矛盾尖锐，人民生活在水深火热之中；战乱频发，清兵入关，加快了明朝的灭亡。崇祯皇帝煤山自缢，明朝权贵为了统一全国，与清兵斗争，拥立幸存于世的藩王做皇帝，重建中央政权。在明朝京师北京失陷之后，明朝宗室在南方相继建立了弘光、隆武、绍武、永历等政权，前后历时 18 年，史称南明。郑成功抗清与收复台湾，主要在南明时期。

一、后金的崛起

在中国东北，白山黑水间生活着一支尚武的民族——满族。其祖先肃慎曾向周武王朝贡，后改称挹娄、靺鞨等。靺鞨七部中的粟末靺鞨曾建立渤海国，受唐朝册封。公元 10 世纪，靺鞨改称女真，曾建立金朝，灭辽伐宋。明朝女真分为建州女真、海西女真、野人女真三部。

满族出自建州女真，直系祖先居住在黑龙江北岸，后来逐渐向南迁移。

明朝政府在黑龙江北岸建立了建州三卫，即建州卫和建州左卫、建州右卫。清太祖努尔哈赤的六世祖猛哥帖木儿被明成祖朱棣任命为建州卫都指挥使。明万历十一年（1583），努尔哈赤以祖父、父亲遗留下来的十三副铠甲起兵，经过五年的战争，统一了建州各部。在羽翼未丰之际，努尔哈赤对明朝毕恭毕敬，俯首称臣，接受明朝的册封、授官。此后，努尔哈赤先后击败海西女真的哈达、辉发、乌拉、叶赫等四部，基本统一女真各部。在兼并、统一女真各部的战争中，努尔哈赤创建了八旗制度，其军事力量逐渐强大。明万历四十四年（1616），努尔哈赤在赫图阿拉称汗，建国号“大金”（史称后金），对明朝辽东区域形成威胁，进而觊觎衰败的明朝，并最终取而代之。

二、明清的多次战争

在清朝兴起和明朝灭亡的过程中，明清之间发生过多起战争。从明万历四十四年（后金天命元年，1616）后金建立，到崇祯十七年（清顺治元年，1644）清军入关，定都北京，大小战役连续不断，主要有抚顺之战、萨尔浒之战、开原铁岭争夺战、辽沈之战、广宁之战、宁远之战、入口之战等。

明朝兵部尚书袁崇焕像

明天启六年（后金天命十一年，1626）的宁远之战中，努尔哈赤因伤重而死，后金损失惨重，是明清战争以来明朝一次巨大的胜利。宁远之战后，袁崇焕擢升右佥都御史、辽东巡抚，山海关内外皆归其所属。他锐意进取，收复锦州、中左、大凌河等城。此后，皇太极率兵攻打明朝，久攻锦州不下；又分兵攻击宁远，后金损兵折将，伤亡巨大；皇太极回攻锦州，仍不克，毁坏大小凌河二城而去。

之后，阉党借口袁崇焕不救锦州，迫使他一度辞职。皇太极嫉恨袁崇焕，使了离间计，扬言与袁崇焕有密约，明朝内部也有人借此攻击袁崇焕。崇祯帝刚愎自用，将

小贴士

袁崇焕(1584—1630)：明末著名军事统帅，字元素，号自如。广东东莞县(也有说广西藤县)人，万历年间进士。进兵部后，守卫山海关及辽东，取得宁远大捷、宁锦大捷、京城保卫战等胜利，并构建了清军难以逾越的“关宁锦防线”。皇太极实施反间计，明帝崇祯听信谗言，将袁崇焕以通敌谋逆罪名凌迟处死，此举自毁大明江山。袁崇焕兄弟妻子流徙三千里，籍其家，实则家无余财。后来南明永历帝率先为袁崇焕平反。

袁崇焕打入大牢，明崇祯三年（1630）八月，袁崇焕含冤被杀。袁崇焕临终前口占一诗："一生事业总成空，半世功名在梦中。死后不愁无勇将，忠魂依旧守辽东。"崇祯帝自毁长城，随后，明军抗击后金的力量减弱。崇祯七年（1634）七月，后金发动入口之战，兵分四路向明朝腹地进攻，以宣府、大同为主要攻击目标。

明崇祯九年（1636）四月，后金改国号为大清，皇太极称帝，改年号为崇德。崇祯十一年（1638），皇太极命令睿亲王多尔衮、克勤郡王岳托等率领清军兵分两路，一入墙子岭，一入青山关，长驱南下，至通州会师。明督师卢象昇战死于冀南，清军突入山东，攻破济南，俘获大量人口、牲畜和金银财宝。此外，还攻克了明朝在旅顺、皮岛的据点，彻底消除了背后的隐患。

日落西山的明王朝，遭遇李自成、张献忠等领导的农民起义，以及来自山海关外后金的两面夹击，左支右绌，力不从心。明崇祯十三年至十六年（后金崇德五年至八年，1640—1643），皇太极乘机大举用兵，夺取了明朝重兵把守的锦州、宁远地区，为进入关内扫清了障碍。

三、南明政权的建立

明崇祯十七年(1644)正月,李自成在西安称帝,建国大顺。之后兵发北京,三月十九日攻克北京,崇祯皇帝朱由检在煤山(今景山)上吊自缢,明朝近300年的江山至此土崩瓦解。

驻守山海关的辽东总兵吴三桂闻风而倒,投降清军,引清军入关,进攻北京。建立时间不长的大顺政权匆匆撤离北京,退往陕西。清军在多尔衮的率领下,长驱直入北京,取代了明朝的统治。随后,清兵破陕西,入湖广,连败大顺军,又败张献忠于四川。

明朝灭亡之后,南方的官僚、地主势力拥立福王朱由崧,在明朝留都南京建立政权。五月初三,朱由崧监国于南京;五月十五日即皇帝位,次年改元弘光。朱由崧的政权是南明的第一个政权。尽管明朝残余势力还在南方组织抵抗,但是由于内部矛盾重重,互相倾轧,因此不能有效进行防御。明弘光元年(清顺治二年,1645),清兵在多铎的率领下南下。一月之中,清军破徐州,渡淮河,兵临扬州城下。南明督师史可法时在扬州,虽有督师之名,却无法调动四镇之兵。史可法坚守至四月二十五日,弹尽

崇祯皇帝北京煤山殉国处

粮绝，扬州城陷，史可法拔剑自刎，被部下所阻。清兵头领多铎劝其投降，遭史可法严词拒绝。他说："城亡与亡，我意已决，即碎尸万段，甘之如饴，但扬州百万生灵不可杀戮！"多铎下令在军前将其杀害。史可法的部将刘肇基继续率领残部和城中居民与清军展开巷战，直至流尽最后一滴血。

南明政权的重要城镇扬州失守之后，清兵渡过长江，克镇江，弘光帝仓皇出奔芜湖，五月十五日弘光政权众大臣献南京投降清兵；五月二十二日弘光帝被虏获，送往北京处死，弘光政权仅一年，即覆灭。

小贴士

史可法（1602—1645）：字宪之，号道邻，崇祯元年(1628)进士。崇祯十六年(1643)七月，升南京兵部尚书，参赞机务。崇祯十七年(1644)三月，李自成攻占北京，马士英等拥立福王于南京，授史可法礼部尚书兼东阁大学士。清军南侵，史可法为兵部尚书，督师扬州。明弘光六年(清顺治二年，1645)四月，清军进攻扬州，史可法率军民死守扬州。二十五日扬州城破，史可法自刎不死，被俘，拒绝降清，慷慨就义。

弘光政权倒台之后，南明政权并没有就此灭亡。唐王朱聿键在福建福州、鲁王朱以海在浙江绍兴先后建立了政权，延续南明王朝。尤其需要指出的是，在福建建立的隆武政权，不仅抵御着清兵，更是为一位英雄的横空出世，搭建了一个广阔的平台，成就了他的光辉业绩；也为中华民族驱赶荷夷、收回宝岛奠定了基础。

四、赐姓国姓爷

明崇祯十七年(1644),郑成功还在南京国子监读书,南明弘光政权覆亡之前,回到福建。

朱聿键(1602—1646)本为明太祖朱元璋九世孙,端王朱硕熿之孙。崇祯五年(1632)继为唐王,封地南阳。南明弘光元年(清顺治二年,1645)五月,朱聿键避难浙江嘉兴。六月辛酉,朱聿键至杭州,遇到由南京逃来的镇江总兵郑鸿逵、南京户部郎中苏观生。郑鸿逵见朱聿键仪表非凡,谈吐不俗,说及国难义愤慷慨,泣下沾襟,他将感受告诉了他的哥哥、福建军阀南安伯郑芝龙。他们认为在动荡的时局中,可以利用皇室成员朱聿键作为割据号召的资本。

不久南京失守、苏州沦陷,清兵直逼杭州,在杭州的潞王朱常淓投降清兵。郑鸿逵拥立朱聿键,通过海路前往福建。行至浙江衢州时,朱聿键被南安伯郑芝龙、巡抚都御史张肯堂、礼部尚书黄道周等奉为监国。闰六月初七至福州,以南安伯府为行宫。闰六月二十七日,朱聿键在福州称帝,宣布从七月初一起改弘光年号为隆武元年(汉武帝建号建武,汉昭烈帝建号章武,隆武年号表示光

南明隆武帝朱聿键

武中兴之意)。改福建布政司称福京,改福州行宫为天兴府,改布政司为行殿。

隆武帝升郑芝龙为平虏侯主持军事、郑鸿逵为定虏侯,封郑芝豹为澄济伯、郑彩为永胜伯。以黄道周为吏部尚书、武英殿大学士,蒋德璟为户部尚书、文渊阁大学士,朱继祚为礼部尚书、东阁大学士,曾樱为工部尚书、东阁大学士,黄鸣俊、李光春、苏观生等人为礼、兵各部左右侍郎兼东阁大学士，张肯堂为左都御史等职位，共同管理国政。

郑芝龙拥立朱聿键称帝是表明明朝已有皇帝，增强抗清复明的号召力。隆武帝建国福建的消息很快传至四方，江浙、安徽、江西各地义军纷起。隆武政权的领土自福建、两广、云贵以外，兼及湖南、安徽、江西、湖北的一部分。

隆武政权建立之初，俨然有所作为，集廷臣议抗清战守。即位不及半月，即下诏亲征，影响颇大。然而隆武政权的军政大权掌握在地方实力派郑芝龙手里，隆武帝本人也为其挟制，实际并无建树。郑芝龙兄弟拥立朱聿键的真实目的并非复国，而是借助隆武帝的旗号进行政治势力的扩张，在经济上巧取豪夺。作为福建的地方割据势力，郑芝龙拥有二三十万军队，即便在全国，也堪称一股不可轻视的力量。倘若可以团结一切抗清力量，必然会给清廷造成很大麻烦。但是各有各的心思，各打各的算盘，与隆武帝同时起兵抗清的明代宗室鲁王、韩王、益王等，在大敌当前、国家存亡之际，仍纠缠在谁领导谁的问题上，不仅荒唐，更是误国。

隆武帝自奉甚俭，比较关心百姓疾苦，在南明诸帝中算得上是较有能力的皇帝。如果在太平盛世，可能是位贤明的君主，可惜在错误的地点、错误地选择了郑芝龙的势力，才使得他无所建树，最终使隆武朝廷的复国计划失败。

南明隆武元年(1645)八月十七日，郑芝龙带儿子郑成功觐见隆武帝，他让儿子接近隆武帝的目的是伺察皇上动静。隆武帝一见到年少英俊、谈吐儒雅的郑成功就很是喜欢。因为郑成功是大学者钱谦益的学生，隆武帝就问他对时局的看法。和蔼、睿智的皇帝更像一位慈祥的长辈，郑成功没有了紧张。"前车之辙，后车可鉴。崇祯皇帝在位时，官吏擅权枉法，置江山社稷安危不顾，致使民不聊生，国难不断。官逼民反，百姓揭竿而起。鉴于此，治国不在治民，在于治吏，官吏治好了，天下太平。"郑成功侃侃而谈，让隆武帝严肃的脸上渐渐浮现了笑容。在他看来，少年郑成功远比朝廷里那些尸位素餐的高官要有观点、有想法、有办法。"那么依你之见，除了严惩官吏之外，当务之急是什么？"隆武帝向郑成功发问。

"面对清兵大军压境，当务之急是解决用人的问题。"郑成功不急不躁地说，"福王执政未满一年就失败了，为什么？还不是用人不当。常言道：'一人不正其道，万人不继其后。'满人多尔衮的用人明显高于弘光政权，他下血本，对我大明臣子进行诱降，网罗了一批降臣为他所用。重用降臣洪承畴，用汉人之法治理汉人，这是多尔衮用人的高明之处。多尔衮收买人心，化敌为友，又让大明降臣动摇大明人心，反清势力上下离心，不能合力，最终土崩瓦解，以致我大明江山才落到当下四分五裂之境。”

郑成功虽然年少，可是思维明晰，言之凿凿，剖析问题有条有理，而且指出了症结之所在，说到了隆武帝的心坎上，令他对这位年轻人刮目相看。“我大明有这样的奇才，幸甚，老天庇佑。”隆武帝对郑成功流露出赞许的目光：“我大明抗清屡屡受挫，国难深重，生灵涂炭，社稷不保，依你之见，眼下如何才能力挽狂澜，扭转颓败之势？”隆武帝向郑成功问计。

“越是时局危难，越不能自乱阵脚。必须对民体恤，取信于民，万万不可视民为草芥。”郑成功慷慨陈词，“眼下当务之急是招募仁人志士，勠力同心，共赴国难，一致抗清。江西、浙江、福建、两湖、两广均有志士，应当团结起来，同仇敌忾。其次，应当依托闽浙山川险隘的天然屏障，阻止清兵大肆南下，给以打击。北陲山峻，适合藏身游击；南边临海，能够通商经商。一边阻击清兵，消灭其有生力量，激励人民抗清斗志；一边发展经济，增加财政能力，壮大队伍。再次，皇上再派大臣去各府县巡视，安抚民心，人心齐则泰山移，我们有了坚定的信心，步调一

郑成功像

致，定能克服千难万险，渡过难关。到那时还愁大明江山不能光复吗？”

隆武政权成立以来，隆武帝在郑芝龙名为拥立、实为挟持下，根本无法施展抱负，文臣武将之中，虽有黄道周这样的忠臣，却并不熟谙兵法，不擅长排兵布阵。他对郑芝龙颇为不满，而让他吃惊的是，郑芝龙的公子却如此正义，明大事、识大体、懂兵法，陈述形势详简得当，颇有见地。这是他近几年遇到的最有才干、最有魄力、最有胸襟的青年才俊。隆武帝非常欣赏郑成功，在他的心里，已经将郑成功与郑芝龙拉开了距离，父子俩的胸襟、忠奸有天壤之别。

“青年才俊，果然不同凡响。好个郑成功，我大明的栋梁。”隆武帝对郑成功赞许有加，很想把郑成功收为乘龙快婿，无奈他没有公主。于是隆武帝擢升郑成功为御营中军都督，享受驸马待遇；赐姓朱，易名朱成功。封建社会，皇帝赐国姓是非常高的荣誉，可见隆武帝对郑成功的器重。郑成功被赐姓朱，人称“国姓爷”，这个称呼也一代代流传下来。后来日本政府得知消息，就允准田川氏来到中国，一家人得以团圆。

第二年，隆武帝又封郑成功为忠孝伯，赐尚方宝剑，挂招讨大将军印，镇守仙霞关等军事重地。隆武帝的赏识与厚爱，让深受儒家“忠君爱国”思想熏陶的郑成功感激涕零，他矢志效忠明室。

第三章　挥旗抗清

隆武帝对郑成功非常器重，委以重任，郑成功也恪尽职守，尽心尽力。抗击清军，光复明朝，已经成为他坚定而明确的目标：此生绝不辜负隆武皇帝的嘱托，誓为大明王朝的光复流尽最后一滴血。

一、郑芝龙降清

郑成功的识大体，高风亮节，让世人敬重，而他的父亲郑芝龙相形见绌。

郑芝龙原本是一个海盗，投机的商人，他拥立隆武帝是为了增加自己的势力。对于抗清，他看得很淡，手中二十多万军队，不过是保护自己财产的雇佣军，与清军做生意的筹码。因此，他对抗清压根不上心，不用力。面对大江南北风起云涌的义军抗击清兵，他并没有派兵参战，不是隆武帝不想出击，而是郑芝龙不愿消耗自己

郑芝龙塑像

的力量。一直等到清兵进入江西、皖南、徽州、建昌等地，江西赣州人民纷纷起兵抗清，隆武政权才派出军队，由郑彩、张家玉领兵援救江西。郑彩观望不前，张家玉孤军深入，以致广信、吉安等城得而复失，建昌、赣州受到清兵威胁。此时此刻，郑芝龙却置国家安危不顾，不派兵援救，坐山观虎斗，致使隆武政权的有利局势瞬间转为危殆。

隆武二年(1646)八月，清贝勒博洛率军进逼闽北，福州震荡。隆武帝本来准备派郑氏兄弟出兵，但是郑氏兄弟为了保存实力不肯出兵。隆武帝苦于自己手头无兵，焦虑不安。62 岁的大学士黄道周赞赏郑成功精忠报国，鄙视郑芝龙拥兵自重。黄道周向隆武帝请命，带兵出征。郑芝龙把持朝政，只拨给了一个月的粮饷，没有武器军备。黄道周所带的兵并不是正规的军队，而是一支由他的门人、弟子组成的，没有经过专业训练，没有战斗力、松散的民兵。沿途招募了痛恨清兵烧杀抢夺的民众六七千人，他们扛着锄头，拿着扁担，手持木棍，因此被称为“扁担军”。黄道周的夫人蔡石润组织了“夫人军”，负责后勤补给。文人黄道周与没有战斗力的“扁担军”，不畏强暴，不怕牺牲，他们用原始的扁担、锄头、铁锹，迎战训练有素、骁勇善战的清军，其结果可想而知。

虽败绩连连，但是黄道周屡败屡战，明知山有虎，偏向虎山行，“扁担军”用血肉之躯，阻挡着清军前进的脚步。死，不可怕，为国捐躯，死得其所；怕的是贪生畏死，落个千古骂名。可血肉之躯哪里能够阻挡铁蹄的践踏？黄道周兵败被俘，洪承畴数次前来劝降，被其大骂，黄道周用绝食表达自己的坚强意志与必死的决心。南明隆武二年(清顺治三年，1646)三月五日，黄道周在南京英勇就义。临刑前，他在袍子的内衬绢上血书一行小字：“纲常万古，节义千秋。天地知我，家人无忧。”

小贴士

黄道周(1585—1646):字幼玄。福建漳浦铜山人。明末学者、著名将领。明天启二年(1622)进士,历官翰林院修撰、詹事府少詹事。崇祯五年(1632)上疏获罪,削籍为民。罢官返乡,在浙江、福建等地书院聚徒讲学。南明隆武政权,任吏部兼兵部尚书、武英殿大学士。抗清失败,被俘殉国。遗言:“蹈仁不死,履险若夷;有陨自天,舍命不渝。”

黄道周的殉国与郑芝龙的龟缩形成巨大反差,激起了民愤。郑芝龙装模作样地派了一队人马,出关不过500里,就谎报军情粮饷耗尽,无功而返。无奈之下,隆武帝决意领兵亲征。命郑鸿逵为御营左先锋,出兵浙江;命郑彩为御营右先锋,出兵江西;命郑芝龙留守,负责转运粮饷;命郑成功护驾。临行前,隆武帝把文武百官召集到宫殿上,痛哭流涕:“我应该是百世的罪人,但是诸位大臣,你们难道就不是罪臣吗?”他口谕,在百官的衣裳一角署衔,加上“戴罪”二字,以此激励士气,不忘复国大任。隆武二年(1646)二月,隆武帝出师延津,进驻津宁。他将搜检出来的朝臣私通清兵书信二百多札当众焚毁,表示既往不咎,以期朝臣同舟共济,共抗清军。

郑芝龙早有通敌之心,顿觉颜面发热,当即表示拥戴隆武帝,为安全起见请隆武帝回驾福州。隆武帝知道郑芝龙大权在握,自己势单力孤,不敢与其撕破脸皮,且复国大业还需要郑芝龙,只得回到福州。

同年六月,清兵渡过钱塘江,鲁王的江上之师败溃;清兵直逼福建,江西守军节节败退。此时的郑芝龙已经与清兵暗中勾结,一方面,谎称夫人田川氏病危,要求郑成功从隆武帝身边速回;另一方面,下令撤回福建关防要

仙霞关

道上的水陆兵力；更为可恶的是他让险隘仙霞关的守军撤退，拱手让清兵从容过关。清军长驱直入福建，攻陷建宁，直扑延平，威胁到隆武帝的安全。民谣有云“峻峭仙霞关，逍遥军马过。将军爱百姓，拱手奉山河”，说的就是郑芝龙。史书上称：“福京之亡，亡于郑芝龙之通款。”

小贴士

仙霞关：中国古代关隘，闽浙往来要冲，位于今浙江江山市保安乡南仙霞岭上，地处浙江、福建、江西三省交界。与四川广元市南的剑门关、河南灵宝函谷关、山西省代县雁门关，并列为中国四大古关口。仙霞岭路北起浙江江山，南至福建浦城100余公里，曲折狭窄，两侧山高谷深，接岫连峰。仙霞岭以险峻闻名，素称“两浙之锁钥，入闽之咽喉”，历来为兵家必争之地。

福州告急，建宁失陷，闻听此消息，湖广总督何腾蛟立即派遣郝永忠率领5000铁骑迎接隆武帝，但是距离隆武帝的驻地延平尚有距离。隆武帝身边没有什么兵力，慌乱中只有少量亲近随从、护卫，携带辎重，从延平向汀州(今福建长汀)出逃。郑芝龙没有派兵护卫隆武帝,他自己带兵回到了安平镇。隆武帝一行行进很慢,八月抵达汀州,就被日夜兼程的清兵追上,押解至福州。之后,隆武帝与皇后曾氏殉难,隆武政权灭亡,仅建立一年零三个月。

清军非常了解郑芝龙,对他施以恩惠,以闽粤总督官衔招抚。郑芝龙向来喜欢做投机生意,他知道"国破山河在"的局面维持不了多久,权衡利弊,决定接受招降。郑成功闻听后,非常气愤,与郑芝龙理论起来:"闽粤之地同北方不同,山川险峻,如同天然屏障,我们占据地利人和之势,父亲手握重兵,还是可以大有作为的。而且闽粤临海,航运发达,商贸繁荣,可以筹集到粮饷补给,只要选将强兵,巩固防卫,整顿民心,是完全可以挽回败局的。"郑芝龙对于儿子的劝阻置若罔闻。

郑成功见父亲无动于衷,依然打着他的小算盘,又说道:"虎不可离山,龙不可离渊。如果清军把您调离了福建,您失去了依托,那是非常不利的。"郑成功一番苦口婆心,利欲熏心的郑芝龙哪里听得进去,他一心想着那个即将到来的"闽粤总督"的官衔,那时候他就不再是"福建王",而是"福建广东两省王"。渴望多年的美梦终于要实现了,郑芝龙如何能不激动?

“父亲，不要相信清兵，他们的许诺只是画饼充饥。您想想，清廷可能信任汉人吗？明朝降清的臣僚，有几个有好下场的？吴三桂引清兵入关，清廷相信他吗？攻打李自成他做马前卒，损兵折将，多尔衮还处处牵制他。吴三桂不过是清廷的鹰犬。我的老师钱谦益才高八斗，降清后，得到了重要职位吗？还不是落个贼臣竖子的骂名。”

“我是商人，讲究投资回报。降清是大势所趋，迟降不如早降，此时降清正是时候，况且清廷已经答应我做闽粤总督，福建、广东将是我郑家天下，我何乐不为？”郑芝龙侃侃而谈，似乎胜券在握。

“我们是大明臣子，弃明降清，这是不忠，是会遗臭万年的。”郑成功对父亲的投降很是愤怒。这是他父亲，倘若换了别人，或许他会一剑要了对方的性命。

“黄毛小儿，竟然对父亲如此不敬。为父降清，可以保财产、保官爵、保权势、保名誉。有了这四样，郑家的财富就会源源不断，这就是本钱。没有了本钱，什么都不是。”对于投降清廷，郑芝龙不仅不觉得可耻，反而为自己的精明得意。

“国破山河在，城春草木生。社稷危急，百姓涂炭，民不聊生。我们身为大明臣子，手握重兵，不思抗清报国，却想着保存实力，捞银子保位子，我们愧对皇帝，愧对百姓。乞降求荣，那不是中华男儿的所作所为，有违古训，有悖伦常，孩儿没学过。乞降换来的荣华富贵，我宁可不要。”郑成功斩钉截铁地回绝了郑芝龙的“好意”，也否定了他的投降行径。

“儿子竟然教训起老子，反啦！”郑芝龙大怒，他铁青着脸，指着郑成功破口大骂，“你这个不孝之子，老子辛辛苦苦为你打算，你竟然指责老子。我意已决，你不降，我降。你继续做破皇帝的大将军，我去做大清的闽粤总督。”

父子争执，不欢而散。兄弟郑鸿逵和好友周鹤芝也力劝郑芝龙不可投降清军，但是利令智昏的郑芝龙听不进他人的意见，带着 500 名亲兵去清营投降，献印剃发。清军对郑芝龙待若上宾，让他颇为得意，然而礼待不过三天，郑芝龙就被安排去了北京，封为同安侯。清廷并没有兑现拥有重兵大权的封疆大吏闽粤总督的承诺，只是好吃好喝地伺候，郑芝龙实际被软禁了。

郑芝龙将仙霞关拱手相让，失去了这个天然屏障的抵御，福建无险可守。清廷大军压境，长驱直入福建。郑成功逃往金门，不久，接到了隆武帝蒙难的噩耗，想到隆武帝对自己的器重、恩隆，他失声痛哭。郑成功设立灵台，隔海遥祭，又下令金门居民换上素服，为皇上服丧。他知道清兵亡明之心不死，他要早做准备，抗击清廷，保一方平安。

二、祭起抗清大旗

郑芝龙投降了，可是郑家所在地安平镇并没有免除兵燹之灾。清兵侵入安平镇后，依然烧杀抢掠，奸淫妇女。郑成功母亲田川氏没有随郑芝龙降清，留在安平老家，没想到遭到了清兵的侮辱，田川氏不堪受辱，自缢身亡。（江日升《台湾外记》则称，田川氏持剑与清军抗衡，拔剑割肚而死）

父亲降清，母亲自缢，两个噩耗，两场悲剧，瞬间如排山倒海的巨浪压向郑成功，让他痛不欲生。他强忍悲痛，披麻戴孝，从金门赶回安平料理后事。

国仇家恨，坚定了郑成功抗清复明的决心。他穿上读书时的儒服，来到孔庙，祭祀至圣先师孔子，发出掷地有声的誓言："昔为儒子，今为孤臣，向背去留，各有其是，谨谢儒服，惟先师昭鉴。"

郑成功脱去儒服焚烧，从容换上征袍，披挂铠甲，手持宝剑。从此，一介儒生的郑成功没有了，走来了一个策马仗剑的将军郑成功。功名场上少了一个读圣贤书、走科举路的书生，中华大地上则多了一个为国为民的民族英雄。这一拜谢，拜掉了书生的彷徨；这一焚烧，点燃了郑成功心中抗清复明的雄心壮志。

这一年，郑成功 23 岁，他与父亲彻底决裂了。他内心的痛，他自知，光复明室，抗击清军，时代赋予了他重任，普天下的百姓期待着他重整河山朝天阙。他挥笔抒写下一首诗：

天以艰危付吾侪，一心一德赋同仇。
最怜忠孝两难尽，每忆庭闱涕泗流。

三、效忠永历帝

国不可一日无君。隆武帝的殉难，让郑成功痛心疾首，他也时常自责，当初如果不是被郑芝龙的谎言骗回安平，他还在隆武帝身边，那么，隆武帝就不会遇难。历史没有如果，现实必须正视。南明政权的力不从心，在于拥戴者拥兵自重，自有打算，多种势力不能合力，不能拧成一股绳。明宗室藩王之间也是互不相让，彼此牵制，这样就给了清军分化瓦解、各个击破的机会。

隆武帝遇难之后，其胞弟朱聿𨮁逃到广州，遇到大学士苏观生。隆武二年(1646)十一月初二，在苏观生扶持下，朱聿𨮁在广州监国，初五改称皇帝，建元绍武，史称绍武帝。十一月十八日，在广东肇庆，丁魁楚、瞿式耜拥立桂王朱由榔称帝，仍称隆武二年；到了第二年(1647)才建元永历，史称永历帝。永历帝任命丁魁楚为首席大学士兼兵部尚书，瞿式耜为东阁大学士兼吏部左侍郎管尚书事，同时任命了各部院官员。但是绍武帝与永历帝依旧在帝统问题上争论不休，互不服从，双方在三水大战了一场，结果永历帝方面被打败了。两个抗清阵营的内讧，消耗了抗清的力量，但是绍武帝一派却觉得自己力量强大，可以高枕无忧。十二月二十七日，绍武帝在教场检阅习射，清兵攻进了广州，绍武帝被杀。建立不过40天的绍武政权就此烟消云散，从此抗清势力只剩下永历政权最后一个堡垒了。

再说郑成功焚烧了儒服、祭拜了孔庙之后，带着陈辉、张进、陈霸一行90余人，乘坐两条大船，向南澳(广东南澳县)驶去。他在那里招募义军，组织力量抵抗清军。“国姓爷领军抗清啦!”消息传来，广东百姓纷纷响应，几天的工夫就聚集了9000多人。当地人深受清兵袭扰之苦，投奔郑成功义军的不只是百姓，也有郑芝龙的部属。人们敬佩郑成功忠君报国、大义灭亲，痛恨郑芝龙卖主求荣的行径。郑成功以南澳为基地，拉起了一支抗清的队伍。他在给父亲的信中说：“从来父教子效忠，未闻教子以贰。今父不听儿言，倘有不测，儿只有缟素而已。”一方面谴责父亲叛国，另一方表达了对清军决战到底的决心。

小贴士

张名振（？—1654）：字侯服，南京锦衣卫籍。少时刚直豪爽，颇有谋略，心怀壮志。崇祯末，任台州石浦游击，封富平将军。南明弘光元年(1645)福王被执，召集义师，共图恢复。与张煌言等拥立鲁王监国于绍兴。其后与张煌言领兵三入长江，攻崇明、镇江，力图收复明朝失地，但因兵力单弱，无功而返。南明永历八年(1654)随郑成功欲收复舟山，死于军中。

张煌言(1620—1664)：字玄箸，号苍水。清顺治二年(1645)与张名振等在浙江起义。郑成功北伐金陵时，他率军配合作战。清康熙三年(1664)，抗清力量式微，张煌言遣散余部，隐居南天悬岛(今浙江象山南)。不久被部下出卖，被俘遇害。

隆武二年(1646),郑成功听闻永历帝在肇庆继位后,立即表示效忠永历帝。永历帝改年号后,郑成功也改用永历年号。郑成功虽然属于隆武政权体系,但是胸怀广阔,并不排斥其他抗清势力,而是团结一切力量,共同抵抗清军。他不仅迎接穷蹙无归的鲁王,而且与鲁王手下、抗清名将张名振、张煌言结成联盟,互相呼应,密切配合,联手打击清军。

第四章　坐镇东南战未休

在郑成功的领导下，一支训练有素的军队在南澳崛起。很多痛恨清军欺辱、压迫、残害的人民，纷纷投奔郑成功。人员日益增多，队伍逐渐庞大，军队的粮饷、供给从何而来？这让郑成功颇为头疼。经过反复思考，他想到了一个办法，即利用中日商船贸易盈余，解决军饷的筹措。

一、招贤纳士壮大抗清队伍

吃饭、供给、军饷问题解决了，可以建立更为庞大的队伍，郑成功的个人影响力和人格魅力，让他成为抗清的一面旗帜，周边地区残余势力，以及明代宗室、余臣也都归附于他。郑成功联系了占据厦门的郑彩、郑联兄弟，扩大了队伍规模；同时，采取招贤策略，不问出身，不问来历，只要愿意报效明朝的有识之士、有用人才，他都欢迎，以礼相待。

为了招纳人才，郑成功在泉州西门外潘山北村的一座石桥上设立了香案。一张方桌上摆放一碗清水，搁置一把宝剑、一支蜡烛、一副火刀、一片火石，旁边有军士把守。很多人从石桥上经过，对香案上的陈设很有兴趣，但是却不知寓意何在、目的为甚。向执勤的军士打听，军士也不予回答。

一天过去了，没有人动香案上的物品；又一天过去了，还是没有什么动静。周围的人更加好奇了，香案上的陈设究竟有什么玄机？

第三天的中午，陈永定挑着鱼从石桥上经过，他看到招贤纳士的旗帜，走到了香案前，凝视桌上的摆设，有所思考，瞬间恍然大悟，脸上露出了笑容。他拿起桌上的宝剑，挥剑击碎盛满清水的碗，然后拿起火刀、火石，将蜡烛点燃。

按照郑成功的吩咐，只要有人动香案上的物品，就向他报告。郑成功得到消息后来到石桥上，问："壮士用宝剑击碎水碗，点燃蜡烛，此举何意？"

陈永定神态自若地回答："宝剑击碎清水碗，表明'反清'；火石点燃蜡烛，意在'复明'。国姓爷以此寓意，乃是告诫'反清复明'，令人佩服。小人陈永定愿意追随国姓爷，报效国家，肝脑涂地，在所不惜。”

陈永定一语道破了玄机，这也是郑成功希望看到的结果，他希望参与的人能够明白郑军的责任所在，有共同的理想抱负，有共同的心愿。能看破玄机的也必定是才智不凡、智谋过人的义士，这正是郑军急需的人才。

郑成功设案招贤的事情传扬开来，人们知道他求贤若渴，纷纷前来投靠。名震南国的大将甘辉、威震敌胆的大将陈豹、前明朝都察院右副都御史沈佺期、南安县溪东村李启轩等，都是在这一时期汇集到郑成功麾下的。

郑芝龙投降清廷之后，他的水陆大军全部瓦解，各头领带着自己的一帮人马各奔东西。郑鸿逵逃往金门附近；郑彩、郑联拥戴从浙江南逃的鲁王朱从海，占据金门、厦门。郑成功高举义旗之后，明朝遗老、郑芝龙部属、志士仁人闻风而动，纷纷汇聚到郑成功大旗之下。

二、泉州之役功败垂成

不久，郑成功在烈屿（小金门）以“忠孝伯招讨大将军罪臣国姓”之名誓师抗清，声势很大。在明朝衰亡、清军强盛的情况下，需要有位精神领袖振臂一呼，领导人民抗击清军。郑成功是隆武帝生前器重的“国姓爷”，身怀雄才大略，具有这样的号召力。

南明永历元年(1647)以来，郑成功以南澳、鼓浪屿为基地，联合厦门的郑彩、郑联兄弟，向漳州附近的海边重要城市——海澄进攻。虽然士气高昂，但是由于军队新

郑成功骑马指挥雕塑

建，新兵多，缺乏战斗经验，与清军一交战，问题就暴露出来了，一战即败。打仗需要策略，也需要经验，郑成功就是要在实战中锻炼军队，提高战斗力。

面对失败，郑成功并不气馁，他重整兵马，鼓舞士气，准备再战。在郑成功的叔伯之中，郑鸿逵与他走得最近。郑鸿逵原本在金门附近，郑成功举兵时，他与郑成功联系。郑鸿逵最欣赏这位侄儿，知道他雄才大略，日后必有出息，对侄儿颇为照顾。见到郑成功能不为一次战斗的失败而泄气，不怕挫折，顽强拼搏，郑鸿逵很是欣慰；同时又担心侄儿年少气盛，行动鲁莽，容易落入清军的陷阱。他劝郑成功不要孤军深入，因为目前郑军只有安平一处据点，并无天险可守，应当考虑根据地的建设。郑鸿逵建议先从海澄退兵，以防清军断其后路，且二人可联合攻打泉州，暂作安身之所，再养精蓄锐，攻其不备。郑成功觉得叔父言之有理，当即撤兵回到安平。

南明永历元年（清顺治四年，1647）七月，郑成功与郑鸿逵屯兵于泉州城涂门外的桃花山，将对泉州发起进攻。当时清朝福建提督赵国祚驻守泉州，身边只有浙兵 700 名，本地兵马 500 名，加上零散兵马少许，不过 2000 多人。对于郑成功的围攻，赵国祚开始并没放在心上，认为只是一群乌合之众。他亲率 500 骑兵，1500 名步兵，在桃花山迎敌，以为要不了两三回合，就会一举击溃敌军。

此时郑成功与郑鸿逵的军队有10000多人，拥有优势兵力。双方交战，从早上一直打到中午，没有分出胜负。单兵交战，郑军的战斗力虽不及赵军，但是人数上占据优势。当双方激战之时，郑鸿逵率军从侧旁攻击，郑成功则命军队截击。在郑军勇猛的攻击下，赵部清军乱了阵脚，最终寡不敌众，落荒而逃，退回泉州城内。第一个回合，郑军大胜，但是要攻下泉州城并非易事。

郑成功与郑鸿逵分析原因：每次攻打泉州城，清军参将解应龙都会从泉州城外的溜石寨出兵救援，使得攻城军队背后受击，首尾兼顾不暇，兵力分散。泉州城与溜石寨形成犄角，互相呼应，要破泉州城，必须搬掉溜石寨这个犄角。于是郑成功设计了一套首尾相击的计谋，只等解应龙中计。

第二天，号角齐鸣，战鼓阵阵，郑军展开凌厉攻势，进攻泉州城。赵国祚登上城楼一看，烟火弥漫，战旗飘飘，郑军将泉州城围堵得水泄不通，看那架势，今天非攻下来不可。他立即向解应龙求援。解应龙的军队走到中途，有快马来报，说是郑军正在攻打溜石寨。这下解应龙有些慌张，因为他救援时几乎带出了所有的军队，只留了少许守军在山寨。尽管山寨地势险要、易守难攻，但是如果人手太少，也会被各个击破，老巢难保。于是解应龙顾不上救援泉州城，迅速调转方向，退回溜石寨，没想到进入了郑军的伏击圈。一声炮响，山路旁跳出无数郑军士兵，他们挥舞刀剑，齐声呐喊，将解应龙的1000多人团团围住。此时此刻解应龙才恍然大悟，他中计了，但是为时已晚。这1000多人很快被郑军吃掉，解应龙也在战斗中被击毙。郑军一举夺下溜石寨，敲掉了这个犄角。

溜石寨被除后，郑军少了后顾之忧，郑成功亲自督战，大炮对准了泉州城，云梯也被将士扛在肩膀上，只等一声令下，进攻登城。一时间大炮齐发，硝烟弥漫，呐喊声声，赵国祚不敢懈怠，依仗城墙坚固的优势，千方百计防守，郑军一时半刻攻不下泉州城。

距离泉州不远的漳州，驻扎着由漳州总兵杨佑统率的清军，其中有一猛将王进，绰号王老虎，能征惯战。军中线报，解应龙战死，溜石寨攻破，他就向总兵杨佑建议："泉州城危在旦夕，我们应该增援。"泉州与漳州属于两个防区，平时并无多大联系，而且在漳州被郑军郑彩部攻击时，泉州赵国祚并没有伸出援手，因此杨佑没有驰援的想法。更何况，没有总督的命令，擅自出战，一旦有所闪失，军法伺候。

见杨佑不肯出兵，王进分析利弊："我们如果坐视不管，一旦泉州失守，漳州也将不保，‘唇亡齿寒’这个道理，总兵大人不会不懂吧？”见杨佑还有顾虑，担心援军去了泉州，漳州防守力量薄弱，王进表示：“我只要 1500 人就够了。”见王进执意要救援，而且所说句句在理，杨佑只好同意。

王进率领骑兵 500 名，步兵 1000 名，分为三队，前往泉州救援。路上遇到了潮州派来的援军，共万余人，对郑成功的军队实施攻击。王进向郑成功的大本营安平进发，制造攻打安平的假象，吸引郑军回师安平，以解泉州之危。

漳州、潮州援军来势凶猛，泉州城守军顽强，郑军短时间攻克不下。同时王进一队人马又在进攻安平，这样前后夹击，很可能包围郑军，最终使郑军首尾受敌。如果此时退却，攻打泉州城就将前功尽弃，郑成功很不甘心，思考再三，他决定重新布局：令杨才、张进在刺园守防；林习山水师停泊江上，以防不测；郑鸿逵率林顺、洪政等继续攻打泉州；郑成功领郭泰、余宽固守王陵，并随时为两边救援。

王进亲率精兵，乘夜经何坑，出南安，突破郑军阻挡，突围到泉州城下。见援兵已到，赵国祚命守城军士大声呐喊，制造助阵声势，动摇郑军军心。洪政率兵出战却败

下阵来，泉州城久攻不下，又见清廷援兵已到，郑鸿逵不敢恋战，急忙下令退兵，撤退到金门。攻城军队撤退了，郑成功孤掌难鸣，势孤力单，也只好撤军，退回安平。

泉州一役功败垂成，但是郑军在桃花山将清军打得落花流水，打出了威名。又有一批力量加入郑军，包括通晓谋略的南安人施琅及其弟弟施显。郑成功不敢松懈，加紧训练队伍，筹措粮饷，他知道还有更艰巨的任务、更残酷的恶战等着他。

三、占据厦门图谋大业

郑成功以安平为根据地，抓住战机，不断袭击清军，转战东南沿海。

南明永历二年(清顺治五年，1648)春天，鲁王的军队进攻福州，郑成功策应，率领大将甘辉、林习山在同安附近店头山与清军大战。鲁王的军队乘势攻下了建宁、兴化几个城市。郑成功的军队也连破同安、海澄、漳浦，以及泉州(晋江县)等沿海一带。

数年征战，郑成功收复了东南沿海一些地方，但是因为没有稳固的后方根据地，一直流动作战，胜利果实很难保存，无法对清军形成全局性的打击。

比较各地状况，厦门进入了郑成功的视线。当时厦门是郑彩、郑联兄弟的地盘，虽然郑氏兄弟与郑成功系同族兄弟，但是要他们将地盘拱手相让，那是不可能的。用武力解决，也行不通。郑家兄弟在疆场征战多年，兵多将广，不可小觑，万一动起武来，两败俱伤，必将削弱抗清力量。此时施琅献上一计。

南明永历三年（清顺治七年，1650）中秋节这天，郑成功乘船来到鼓浪屿，拜访郑联，郑联设宴招待。二人话谈得投机，酒喝得尽兴，畅谈了一天一夜。郑成功借解手之际，离开房屋，暗下命令让停泊在海上的船只进港，第二天以炮声为信号，发起进攻。

第二天，郑成功在虎坑岩设宴回请郑联，一直喝到晚上。郑联喝得半酣，脚步踉跄，这才回府，走到半山塘，被埋伏在此的甘辉等人所杀。随后，炮火鸣响，已经潜入厦门要害部位的郑成功的人马杀将出来，迅速控制了厦门城。郑联的手下见主帅被杀，群龙无首，纷纷投降。郑成功布置得当，巧用兵力，没花太大的工夫就占据了厦门城。

随后，郑成功派洪政持书去南海招降郑彩。郑彩知道郑联已死，而郑成功的计谋、才能都远在自己之上，在百姓中的威望又很高，于是主动向洪政表示：愿意交出兵权，他的队伍全部由郑成功调遣；他年龄大了，力不从心，郑氏家族中能堪当大任、继承大志、有所作为的只有郑成功一人。

兼并郑彩、郑联兄弟势力，占据厦门，是郑成功抗清事业的一个重大转折点，郑成功由此有了一个稳固的后方基地，经济状况也得到了改善，这为他抗击清军提供了必要的物质条件。

郑成功占据厦门，练兵习武，对军队组织也进行了革新。他承袭明朝军制，建立前后左右中五军，作为战斗部队的主力。明朝军队以陆军为主，海上力量薄弱，而郑芝龙的军队以水师为主，擅长海战。福建临海，水师是主要的兵种，但是与清军交战，更多的是在陆上，因此郑成功组织军队，注重陆上、海上两个兵种的建设，他在厦门共建陆军 72 镇，水师 20 镇，镇下为五协。各镇以中协(军)为预备队，前、后、左、右协(军)兵力配置相等，战时不管哪一方受敌，都有充足兵力进行攻击或防御。此外还设有左右虎卫镇，属于郑成功的亲军，是郑军中最精锐的部队。

郑成功的军队纪律严明，《出军严禁条令》规定：严禁奸淫妇女、焚毁房屋、抢掠百姓、宰杀耕牛。违反本条令者，本犯斩首，大小将领从重连罪，不论官兵、夫役，一视

郑成功军队使用过的大炮(现存于厦门郑成功纪念馆)

同仁,凡捉拿检举违纪者有赏。郑军纪律严明,所到之处,民户不惊、市井不扰、秋毫不犯,因此深得民心。

第五章　海澄之战

厦门基地的建设，使郑成功有了牢固的后方，更有可能对军队进行训练，提高战斗力，军队也得到扩编。

水师是郑芝龙军队的基础，也是郑军的劲旅。水师将士以漳州、泉州、潮州沿海一带的人居多，他们有丰富的海上经验，经过郑成功的刻苦训练，组成了一支海上劲旅，让清朝铁骑望洋兴叹。当时的西方传教士评价："国姓爷握有大量船舶，由他指挥的强大海军所树立的威名，邻近海岸一带为之震动。"

一、厦门失守

南明永历四年（清顺治七年，1650），清军将领尚可喜、耿继茂调集军马，进攻广州，永历帝要求郑成功派兵支援。十一月清军攻下广州，永历帝逃往云南边境缅甸方向。郑成功当时把守厦门没有问题，如果分兵外援，则潮州兵力空虚，但永历帝有难，不可不救；若南下广州，可有机会消灭清军有生力量。郑成功思考再三，决定放弃攻下来仅有十一个月的潮州，抽调精锐军队，南下勤王。因担心厦门有变，临行时安排叔父郑芝莞留守厦门，并再三强调厦门的重要性；又恐厦门守备力量薄弱，特意派叔父郑鸿逵与施琅回师厦门，协调防守。

小贴士

勤王：君主制国家中君王有难，臣子起兵救援。《后汉书·袁绍传》载："乃下诏书于绍，责以地广兵多而专自树党，不闻勤王之师。"

十二月二十日郑军在揭阳起航南下，抵达南澳时，南澳守将陈豹提出不同意见，认为广州方面形势严峻，南下救援，可能导致金门、厦门失守，不如以南澳为中心，两头兼顾。郑成功自然知道南下广州，道路险阻，厦门、金门岌岌可危，但是永历帝有难，他不救驾，谁能伸出援手？厦门、金门的危险只能先放在一边。

南明永历五年(清顺治八年,1651)二月二十五日,郑成功舰队驶到白沙湖海域,遭遇大风浪,船只几乎被巨浪掀翻,只好暂时抛锚停泊,等待风停浪静。三月十日,舰队行驶到广州大星,伙夫上岸砍柴遭到清兵驱赶,郑成功大怒,立即率军攻城,一鼓作气攻下城池,补充了粮食、淡水。正当庆贺胜利时,传来厦门失守的噩耗。厦门是郑军基地,大本营被端,极度影响士气。在部下的劝说下,郑成功只好改变航向,调转船头,折师返回,直奔厦门。

原来郑成功南下勤王时,厦门防守空虚,清朝福建巡抚张学圣、巡道黄澍,福建右路总兵马得功率领大队人马进攻厦门。面对突然攻来的清兵,守城的郑芝莞惊慌失措,乱了阵脚,竟然置城池不顾,收拾自己的金银细软逃之夭夭,清军不费吹灰之力就攻占了厦门。等到施琅、郑鸿逵率兵赶到厦门时,厦门已经落入清军之手。他们只得在金门休整部队,隔几日后,再向厦门进行反攻。

厦门囤积着郑芝龙积累下来的金银财宝,以及郑成功多年积攒的财富、粮食,包括 90 多万两黄金。厦门失陷后,这些财富与粮食全部被清军掠走,这对郑成功是一次重创。

等到郑成功的舰队赶回厦门时,清军主力已经满载战利品离开,只留下少量军队守城。守城的清军哪里是郑军对手，没有几个回合，就打出了白旗，厦门失而复得，但是财富与粮食则一去不复返。

厦门的失陷，尤其是黄金珠宝、粮食的丢失，让郑成功大为恼火。他下令追究失城责任，对于英勇作战的将士进行奖赏，对于临阵脱逃的郑芝莞严惩不贷，按律斩首。郑鸿逵也曾协助守城，厦门失守，他知道难辞其咎，于是交出兵权，并将金门等辖地交给郑成功，自己退隐江湖。

郑芝莞、郑鸿逵都是郑成功的叔父，郑成功尚且不留情面，执行军令，其他将士更加心服。厦门失守虽然损失巨大，但是郑成功严惩失职叔父之举，树立了威信，郑军的军纪从此更加严明。

二、智取海澄

在厦门与漳州之间，有一处军事要地海澄，其东、南面靠海，西面临湖，只有北面与大陆相连。海澄战略地位非常重要，作为清军的水师基地，驻有重兵。海澄的水路与西北面的长泰相通，清军在长泰设有陆师基地。此外在稍远的泉州还有清朝骑兵驻扎，随时策应海澄。

海澄就像一颗钉子卡在厦门的咽喉，让郑成功“呼吸不畅”，他有心拔掉这颗钉子，一直在寻找战机。南明永历六年(清顺治九年，1652)的一天，郑成功在沙盘前演绎战局，忽然发现海澄的北面陆地是低洼之地，海潮暴涨时，水位升高，与陆地断开，海澄会变成海岛。如果此时攻击，海澄就是一座孤岛，清军陆上的步兵、骑兵只能望洋兴叹，无法驰援。推算日历，过几天是正月初二，正逢大潮，天赐良机，郑成功暗暗叫好。一直被海澄这颗钉子折磨、伤透了脑筋的郑成功，此时舒展了眉头，有了用兵之计谋。

海澄与厦门平时就互有探子混入刺探军情，一有风吹草动，对方很快就会知晓。大年三十晚上，郑成功让士兵刀枪入库，马放南山，与民众狂欢庆贺，众人似乎都沉浸在节日的气氛中，忘记了对面海澄还有清军在虎视眈眈。

海澄的探子立刻将郑营的狂欢情况报告给海澄守将郝文兴。辛苦一年，年三十喝酒吃肉，尽兴狂欢，这合乎情理。长期的对峙，让厦门的郑军官兵与海澄的清军将士辛苦得很，寂寞得很。郑军刀枪入库，放纵自由享受，郝文兴信以为真，心想终于可以暂时放松紧绷的神经。他下令将士们大碗喝酒，大块吃肉，人生得意须尽欢，莫使金樽空对月。清军将士放开肚皮喝酒，直到酒酣饭饱。

从年三十到大年初一，厦门一直在狂欢，夜晚的城楼、海边的沙滩，篝火明亮，欢歌笑语不断。殊不知，一支做了充分准备的队伍，在夜色、海浪的掩护中，已经扑向了海澄。

正月初二凌晨，海潮上涨，迅速将洼地淹没，海水将海澄与大陆隔断，海澄成了一座孤岛。苏茂、甘辉各率一支人马占据海澄的退路——长泰水路，其他各镇水师借助夜色，包围了海澄。先头兵悄悄爬上了城墙，守城的清兵还在半酣之中，稀里糊涂就被捆绑了手脚。郑军兵不血刃解决了守城之敌，控制了城楼，打开城门，迎接大军。“刀枪无眼，不要伤及城中无辜。”郑成功下令大队人马暂缓行动，等郝文兴投降后再进城。

郝文兴的酒喝高了，等到亲兵叫醒他时，守城兵士早成了俘虏，护城的水军也被冲得七零八落，溃不成军。陆路被海潮阻断，陆上援军过不来，长泰水路也被郑军切断，潮水还在上涨，海澄周边的河道海水倒灌，城里一片混乱。这一惊一乍，让郝文兴的酒彻底醒了，他捶胸顿足，那个悔呀，可惜悔之晚矣。见大势已去，孤立无援，坐以待毙，郝文兴只好举起白旗，缴械投降。

海澄一战，郑成功收降郝文兴的水、陆守军 3 万余人，这是抗清以来，伤亡最少、收获最大的一次胜利。

三、攻长泰围漳州

海澄战斗的胜利，大大激励了郑军士气，郑成功调兵遣将，命中军提督甘辉进攻长泰。

甘辉与长泰守将王进在北溪展开激战，甘辉能攻，王进善守，一攻一守，此消彼长；棋逢敌手，双方胶着，难分胜负。等到郑成功率领大军赶到长泰增援时，狡猾的王进缩进了长泰城，不再与郑军直接交战，他守住城池，固守待援。郑军发起凌厉的攻势，一次次向长泰城冲锋，但就是攻不破。

与此同时，清朝闽浙总督陈锦亲率军队增援长泰。陈锦兵分四路，企图包围郑军，将其一举歼灭。一路清军由汀州向南出击，一路清军由潮州向东进攻，广东水师从海上向北截击抄郑军的后路，陈锦则统率数万清军从同安向西丰攻击。四路人马人数众多，来势汹汹，大有合围全歼郑军之势。

郑成功神闲气定，以逸待劳。对于西、南、北面的三路之敌，他早有安排，各派一队人马阻击，自己则在江东桥设伏，占据有利地形，专等陈锦的到来。三月十三日，两军交战于江东桥，郑军的突然出击给了陈锦猛力一击，

郑成功骑马指挥画像

战斗向着有利于郑军的方向发展。遭受重创的陈锦军队抱头鼠窜、溃不成军，残部被迫退入同安。郑军趁势攻克诏安、南靖、平和，并包围了闽南重镇漳州。

兵败的陈锦急火攻心，脾气暴戾，疑心重重，动辄就对手下一顿鞭打，亲近的侍从都无法忍受。其中一个随从在饱受陈锦的私刑惩罚后，伺机将他杀死，提着陈锦的首级献给了郑成功。陈锦一死，长泰守将自知寡不敌众，连夜弃城逃跑，郑成功大军不费吹灰之力，攻克长泰。

攻克长泰之后，郑成功大军转向漳州，大兵压境，把漳州围得严严实实。为解漳州之围，清军采取围魏救赵的策略，集合百艘战船进攻郑成功的基地厦门。郑成功识破清军计策，胸有成竹，派陈辉、周瑞率领百余舰艇迎击清军水师，在崇武海域大败清军。

固守漳州的清军也很顽强，援军受阻，并没削弱守军的战斗力，他们依然全力抵抗郑军的攻城。半年的围困，漳州城内存粮耗尽，士兵、百姓饿死不计其数，百姓以树皮、浮萍、纸张、皮革、老鼠充饥，甚至发生了人吃人的惨剧。守军的体力也到了极限，漳州已经到了一攻即破的地步。

南明永历六年(清顺治九年，1652)九月，清军将领金砺率领数万大军自浙江开抵泉州府，救援漳州。大敌当前，郑成功不敢掉以轻心，抽调围困漳州的军队，陈兵于江东，准备伏击，却被老奸巨猾的金砺识破。两军展开激战，清军人多兵广，攻势猛烈，郑军围城半年，疲劳之师，渐渐招架不住，被迫退却以保海澄、厦门安全。在这场战斗中，郑军损兵折将，提督黄山、礼武镇陈俸、右先锋镇廖敬、亲丁镇郭廷、护卫右镇洪承宠均阵亡。清军乘胜追击，收复南靖、漳浦、平和、诏安四县。

南明永历七年(清顺治十年，1653)，金砺又率领精锐部队大举进攻海澄，大铳炮、小铳炮向海澄齐发，炸死很多将士，郑军一时士气低落。危急关头，郑成功冒着炮火，亲自督战，表示与海澄共存亡，来激励将士的斗志。他在城楼上搭好督战台，立起明黄伞盖，端坐其下，挥舞红旗指挥。清军的炮弹就在督战台前爆炸，弹片四溅，可是郑成功却神态自若，面无惧色。

督战台暴露在清军炮火下，炮弹数次在督战台前后爆炸，却对郑成功没有丝毫伤害。部将甘辉拔掉目标过于明显的明黄伞盖，力劝郑成功离开。郑成功坚持不走，无奈之下，甘辉命卫兵将郑成功强行抬走。说来也怪，郑成功在督战台上时，清军炮火弹如虚发，没有一弹伤及国姓爷；郑成功刚被卫士抬下城楼，一发炮弹就将督战台爆塌。郑成功振臂一呼："我不离台，炮弹避我，我一离台，台倒塌。天佑孤臣，诸将不要为我的安危多虑。"

双方在海澄激战五个昼夜，僵持不下。清军借助炮火优势，一度占据上风，郑军防御工事大多被炮火摧毁。战事严峻，郑成功不顾个人安危，亲临一线督战，激励了将士的斗志。郑军昼伏夜出，杀伤清军，并且用火箭射向清军炮台，引爆火药，炸毁炮台，拼掉了清军的炮火优势。

清军组织了数次登城，均被郑军用刀砍斧劈阻挡下去。双方交战进入白热化，肉搏战中将士血流成河，死尸无数，清军仍然没有登上城楼。在又一轮进攻中，大量清军突进了壕沟，此时郑军点燃了引信，战前埋在壕沟里的火药一连串爆响。硝烟未尽，郑军冲进壕沟，齐声呐喊，挥舞大刀、斧头，一通猛砍，清军横尸一片，没有死的清军举手投降。

“出击！”郑成功一声令下，郑军全线出击，此时清军精锐部队已经被消灭殆尽，残部狼狈败走。

第二次海澄之战，最终以郑军胜利结束。此后，郑成功在军事上进入鼎盛时期。

四、清廷诱降

与郑成功数次交战，清廷虽有胜绩，损失还是很大的。郑成功的水军在当时力量超过清廷水师，清廷水战捞不到便宜，陆战尚有一定胜算，但是郑成功并非等闲之辈，他善于利用地理优势，出奇制胜。这让清廷认识到单凭军事行动无法征服郑成功，必须采取其他手段，于是诱降的策略占据了上风。

清廷诱降打出的无非是亲情牌与名利牌：清廷认为，郑芝龙被软禁在北京，郑成功深受儒家思想熏陶，君臣、父子的观念流淌在他的血液中，他不可能漠视父亲的安危，所以用郑芝龙的性命为筹码，逼迫郑成功就范；再以名利为诱饵，封官晋爵，赏赐金银珠宝，让郑成功交出武器。

南明永历七年（清顺治十年，1653）五月，郑成功虽然击败了金砺，但是郑军损失也大，所谓毙敌一千自伤八百，这时候，清廷送来了郑芝龙写的劝降信。信中说："圣上有谕，责我劝汝弃暗投明，并弑鲁王为投诚之举。然后，汝与父加官晋爵，并赐江山半壁。苟不遵旨，兀自一意孤行，老父命丧九泉矣。切切勿拿老父作赌注！"郑芝龙的信软硬兼施，以父亲的亲情感化，以清帝的圣旨施压，企图逼郑成功就范。

郑成功早就看出信里的玄机，他自起事之日就与认贼作父的郑芝龙断绝了父子关系，竖起了"杀父报国"的大旗，在国难面前，他舍生取义，牺牲小家成就大国。考虑到部队受挫需要休整，郑成功打算利用清廷的诱降来做文章。他写了一封言辞闪烁、意味深长的回信，借口清廷失信于郑芝龙，没有兑现投降前的承诺，把父亲软禁在北京，担心自己投降后会和父亲一样重蹈覆辙。

清廷为了打消郑成功的顾虑，表示郑芝龙的处境是多尔衮所为，并非朝廷本意。皇恩浩荡，加封郑芝龙同安侯，郑鸿逵奉化伯，任命郑芝豹为左都督，封郑成功为海澄公、将军，比郑芝龙的侯爷爵位还高出一级，希望郑成功早点归顺清廷。随后派遣使者带着“海澄公”的大印来招降郑成功。

郑成功与使者见面后，打起了太极拳。他表示：朝廷诚意他心领了，但是大印不能接受。理由是历朝历代分封王公大臣，必须有相应的封地，现在只给大印，没有封地，等于是空头许诺。使者强调授印、封疆谁先谁后，并无定例，可以先接印、后封地。郑成功则坚持两者缺一不可，没有封地，就无处存身，并且对海澄公之名提出疑问：海澄不过是漳州下属一个小县，人不过万人，地不上百里。他看不上“海澄公”之封爵，讨价还价，争执不让。郑成功的意图自然不在封爵之上，为的是争取时间。

清朝福建总督刘清泰闻听此事后，专门给郑成功去函，劝他接受大印，共同为清廷效力。郑成功见函之后，心生一计。他给刘清泰回信，提出自己的将士缺衣少食，饥寒交迫，希望能够向清廷所属的漳州、泉州等府县借粮筹饷。就在使者向清廷汇报、等待答复的日子里，郑成功悄悄派出人员到漳州、泉州、兴化筹措粮饷。在龙岩筹饷银 20 万两，在惠安、仙游征集饷银 30 万两，在云霄征米 5 万担。

不久清廷答应了郑成功的条件，封地为兴化、泉州、

回望厦门的郑成功塑像

漳州、潮州四府，并加封郑成功为靖海将军。郑成功筹饷征粮的目的已经达到，就以“兵马繁多，非数省（地盘）不足安插”为由，拒绝了清廷。清廷第一次诱降失败。

八月初，清廷又派使者与郑成功议和，并带郑成功的两个弟弟郑渡、郑荫同行，希望以亲情动摇他的意志。郑渡见到郑成功之后，泪如雨下，跪下恳求大哥接受清廷招降，否则全家性命难保。郑成功何尝不知道父亲、弟弟的处境，他更明白亲情不过是清廷的一个筹码，清廷诱降没有成功，父亲、弟弟等家人尚不会有性命之虞，一旦归顺清廷，则性命难保。更为重要的是他已经献身大明，誓与清廷抗击到底。虽然郑芝龙投敌，毕竟父子连心，兄弟情深。无情未必真豪杰，郑成功并不是一个寡情的人，他只是将个人的情感埋藏起来。自古忠孝难两全，为国尽忠是他唯一的选择。

第二次诱降失败，恼羞成怒的清廷对郑成功发起了新一轮围剿，朝廷主战派又占据了上风。南明永历八年(清顺治十一年，1654)，以郑亲王世子济度为定远大将军，率领3万大军，会同驻福建的清军进攻厦门。第二年四月，济度调集多路水师，再次进攻厦门，在围头海域与郑军交战，被熟悉海战的郑军打得落花流水。交战占不到便宜，诱降再次进行。十一月，清廷让郑芝龙再次给郑成功去信劝降。南明永历十年(清顺治十三年，1656)正月，郑成功给郑芝龙写了最后一封信，斩钉截铁地说："儿志已坚，而言尤实，您不要再派人来说降了。"以此断绝郑芝龙以亲情劝降的念头。清廷这才明白，虽是父子，但郑成功与郑芝龙不一样，郑成功的骨头太硬，诱降对他无效。

十二月，郑成功在闽东护国岭与清军大战，又是一次胜利。清廷对郑成功恨之入骨，却又奈何不了郑军。郑成功的胜利不仅壮大了郑军力量，也为后来在台湾抵御外侮积累了作战经验。

第六章　北伐北伐

南明抗清力量主要有两派:永历帝与郑成功,鲁王与张煌言。

从南明永历四年(清顺治七年,1650),郑成功以金门、厦门为根据地以来,他固守东南沿海诸岛,与清军交战数十次。1647年至1659年,张煌言发动出师长江北伐的战争共有8次。其中1659年,郑成功与张煌言联合率师北伐,更是让清军闻风丧胆。

一、台风围困郑军船队数月

南明永历十一年(清顺治十四年,1657)起,郑成功着手北伐,收复南明疆土。七月,郑成功亲率大军北伐。当时福建、浙江一带的守军将领大多为明朝降将,见到大军压境的郑军,纷纷倒戈,开城门迎接。八月,进攻黄岩、台州,守将投降。趁厦门空虚,清朝福建总督李率泰率兵攻打厦门。厦门已经失守过一次，损失巨大，郑成功唯恐有闪失，立即亲带人马回师厦门，第一次北伐失败。

南明永历十二年（清顺治十五年，1658）二月，清军集中主力分三路在云贵一带围剿南明永历政权，东南一带防守较为空虚。郑成功料想南京防御薄弱，决定利用这一有利战机，全力进攻南京。到了春天的时候，郑成功联合张煌言，发起了第二次北伐。计划北取舟山，转赴崇明，溯江而上，直取南京。南京是明代开国都城，战略地位重要，政治经济影响重大，选择进攻南京，就是要以南京的胜利，控制长江，将江南半壁河山重新纳入南明版图。

郑军 17 万大军，号称 20 万人马，分为 4 个军团，1 至 3 军团分别由中提督甘辉、右提督马信、后提督万礼率领，第 4 军团由郑成功亲率。六月十三日，北伐军浩浩荡荡从厦门出发，经过闽浙交界处，进入浙江瑞安、温州等地，抵达舟山羊山岛（今浙江舟山大洋山岛）海域，遭遇台风，一时间风雨大作，电闪雷鸣。郑成功船队长期活动于福建海域，对浙江海域并不熟悉，面对陌生海域和未能预料的台风，船队一下子应对不足，陷入了绝境。船队若干条船发生倾覆，有的船体破碎、四散漂流，有的则在大陆海

郑成功塑像

岸搁浅。将士死亡 8000 余人，损失惨重，郑成功的妻妾、幼子也在狂风暴雨中丧生。这次猛烈的台风阻止了郑成功北上的步伐，也暂时化解了清军面临的危机。

南明永历十二年八月至十三年(1658—1659)四月间，郑军战船停泊在浙东温州、台州沿海及舟山群岛一带休整，北进长江的计划不得不再次推迟。许多将领劝谏郑成功撤师南归，郑成功以“业已出师，理无再还”作答，表明自己有进无退的决心。南明永历十三年(1659)五月十三日，郑成功再次率领大军从浙江沿海起航，此时，郑军共有大小舰船 3000 余艘，兵马 10 余万。他首先攻占定海(今浙江舟山)，全歼清廷定海水师，焚毁船只 100 余艘，基本消灭了清军的海上力量，也解除了进军长江的后顾之忧。

五月十九日，郑军抵达吴淞口，郑成功派人秘密联络清朝驻扎在苏松镇的绿营提督马逢知(原名马进宝)。马逢知原为明朝降将，一直对清廷心怀不满，主要是因为清军的军制问题，他所在的绿营军受到八旗军的排挤，武器装备、军饷待遇、军官升迁等方面都不如八旗军。因事前与郑成功有秘密联系，此时他按兵不动，静观事态变化，要看郑成功是否能攻下南京再表明态度。

六月初一，郑成功以招讨大元帅名义，张煌言做监

军，由崇明岛向南京进发。

当天，郑军到达长江江阴水域，清军紧闭城门，不敢出战。郑军越过江阴溯江而上。

小贴士

八旗军、绿营军：清军主要分为八旗军和绿营军两个系统。八旗包括满洲八旗、蒙古八旗和汉军八旗，是清朝皇帝最为信任的嫡系部队。清代满族的军队组织和户口编制制度，以旗为号，分正黄、正白、正红、正蓝、镶黄、镶白、镶红、镶蓝八旗。满洲、蒙古、汉军同属一旗，旗色亦相同，唯从军、入仕待遇略有不同。

绿营军为清朝常备兵之一，清初时由原明朝降军改编而来。以营为基本单位进行组建，以绿旗为标志，称为绿营，又称绿旗兵。士兵为世兵制，父死则子继。绿营的人数虽然远超过八旗，但是得不到清政府的真正信任，部队由兵部直接统辖，将领无法直接统兵。在武器装备、军饷待遇、军官升迁等方面都不如八旗军。

二、焦山祭祀恸哭誓师

南明永历十三年(1659)六月十三日，在镇江焦山，郑成功率军祭天，旗盖、袍服用赤色，望去如火。十四日祭地及山河，旗盖、袍服用黑色，望去如墨。十五日祭明太祖，着黄色袍服；祭崇祯帝、隆武帝，穿白色袍服，望去如云。遥拜孝陵，恸哭誓师，三军将士皆痛哭流涕。祭文曰：

镇江焦山(黄强摄)

皇天浩浩，江水渺渺，明祚既衰，中原自乱。北兵乘时，夺我龙廷。三百年之基业，尽归鞑虏。剃发易服，国人何堪？中原既丧，复失江南。南国喋血，黎庶涂炭。百万报国之忠烈，岂肯忘祖而数典。天地有灵，此心此情可鉴。

呜呼苍天，我江东大明臣民，寄命本藩，誓复大明疆土，再造乐园。今以带甲百万，舳舻数千，溯江而上，至此设祭。祝告天地，祭我先帝及列祖列宗，佑我江东健儿，复我南都。尔后北渡黄河，驱鞑虏于关外，复社稷于神京，拜先帝于太庙，参永历于殿前。

本藩率全军将士，誓师于先帝神位之前。愿我将士，挥桨操舟，飞速前进。披坚执锐，奋勇向前。登城破敌，誓杀凶顽。

豪情壮志在他胸膛激荡，他挥笔题诗《出师讨满夷自瓜州至金陵》，诗曰：

缟素临江誓灭胡，雄师十万气吞吴。
试看天堑投鞭渡，不信中原不姓朱。

投鞭断流，气吞山河，掷地有声，表达了收复南京、重整河山的豪情壮志。

鲁王手下大将张名振也作诗一首，抒发豪情：

十年横海一孤臣，佳气钟山望里真。
鹑首义旗方出楚，燕云羽檄已通闽。
王师桴鼓心肝噎，父老壶浆涕泪亲。
南望孝陵兵缟素，会看大纛祃龙津。

小贴士

纛(dào)：古代军队大旗。

祃(mà)：古代在军队驻扎的地方举行的祭祀。

三、冲破瓜州清军的大江防线

南明永历十三年(1659)六月十六日，郑军进攻瓜州，斩清朝游击左云龙，破敌兵马数万。

为了阻止郑军北伐，清军在瓜州江面上筑起一道防线，名为“滚江龙”。所谓滚江龙，就是在江面上拉起一条铁索，拦江锁住船只，以此阻挡郑成功的水师；江面上排列以大木结成的竹筏，称为“木浮营”，再在竹筏上堆放大炮，以炮火封锁江面；江的两岸则构建了箭楼、工事，架设大炮，对于登陆的兵丁形成火力封杀。

清军的重兵把守、火炮封锁，并没有挡住郑成功北伐的脚步，他采取以快出击的方式对付清军。炮火之中，一艘快船如离弦之箭，射向江面中心的拦江铁索。此时距离远，岸上清军的火炮打不到快船；清军又怕打断铁索，无法精准射击，何况快船上铺盖了一层厚厚的浸了水的棉絮，如同覆盖了一层铁甲。快船驶到拦江铁索处，郑军士兵迅速砍断铁索，随后郑军战船扯起风帆，直闯而入，船上的炮火对岸上清军一顿猛轰。与此同时，又有 50 艘战船冲击木浮营。架有大炮的竹筏稳定性差，行驶困难，禁受不住战船的冲击。被撞击的大炮倾斜，竹筏翻覆，火把扔向竹筏，竹筏瞬间被点燃。清军的大江防线很快被郑军冲击得七零八落，失去了长江天险的清军乱了阵脚，一击即溃。

六月二十二日，郑军在镇江银山大破清朝江宁巡抚蒋国柱、提督管效忠派来的援兵，清朝镇江守将高谦、镇江知府戴可进开城投降。郑成功大军顺利得到了通往南京城的锁钥。若能拿下南京，在怀着故国之思的汉人中的影响将是不可估量的。此外，控制南京即等于控制了江南富庶之地，可以为抗清事业提供强大的经济支撑，同时也切断了江南对北方清政府钱粮赋税的供应，削弱其经济基础。郑成功的计划是占领南京，恢复东南半壁江山；而后再挥师北上，直捣幽燕。

300 多年前，长江入海口在今天的江阴附近，南京城到长江入海口的距离也比现在近很多。从海上来的船队可直逼南京，这就能充分发挥郑成功军队水上作战的优势。

郑成功发起南京战役前，南明政权的军队已有过攻入长江的尝试，起到了“探路”的作用。南明永历八年（清顺治十一年，1654），南明定西侯张名振、监军张煌言曾三次率军进入长江口。一月，南明军队乘船溯江而上，到达镇江附近的瓜洲、金山等。四月，南明军队船只直至镇江、仪真（今江苏仪征）。十二月，张名振等人率船 400 余艘抵达南京城北的燕子矶一带，遭到清军抵抗，一番激战后，南明军队被迫退回崇明岛。三探长江虽然没有取得大的战果，但南明方面采取灵活变动的游击战术，袭扰了清军，也对清军长江布防有了详细了解。

四、南京失利

郑成功大军向南京逼近，张煌言也亲率一支军队从旁渡江，两军合围，直逼江南重要城市南京。攻占镇江之后，甘辉向郑成功建议：派兵从陆路抄近道日夜兼程直取南京。当时清军刚刚大败，士气低落，南京“城大兵单”，是进攻的最佳时机。但郑成功认为南京早晚是囊中之物，对甘辉的建议不以为然，坚持以舰队为核心，稳扎稳打逐步推进。当时郑成功并未意识到，稳扎稳打的战术并不适合从镇江到南京的水文条件。此处江面狭窄，水流湍急，常有运船翻覆。而郑军的海船体型庞大，运转笨重，在江面上逆水而行时，多要靠人力从岸上牵拉前进，速度极慢。从镇江到南京的短短距离，他们足

南京城墙

足用了十多天，攻取南京的第一个战机就这样错过了。

六月二十六日，郑军前锋进抵南京城下，但是直到七月初七，郑成功率领的主力船队才到达南京城北的观音门外。观音门坐落于燕子矶附近，是明代南京外郭 18 座城门之一。郑成功登岸观察地形，望着波涛汹涌的大江，心潮澎湃，雾气笼罩中的城楼若隐若现，让他感慨万千。隆武帝的嘱托，母亲田川氏的惨状，父老乡亲的殷切希望，一幕幕浮现在他脑海里。

郑成功下令大军首尾相连，扎营狮子山一带。七月初九，郑军船只进泊南京城西北角的仪凤门外江边。初十，郑军大队人马上岸，在仪凤门外扎营。很快，郑军相继在南京的观音门、金川门、钟阜门、仪凤门、江东门、神策门、太平门等城外扎营，共立 83 座营寨。各处营寨都安设大炮，并准备了云梯、藤牌、竹筐、铁锹、錾子等攻城器械。不难看出，以上 7 门外的郑军连营并没有对南京城形成全面合围之势，顶多只是包围了南京城的北面和西面，而南京的东、南两个方向几乎没有郑军一兵一卒。出现这种局面，是由于南京城墙长达数十里，难以设兵四面包围；再就是郑成功过于依赖水师和战船，即使上岸扎营也习惯于选择离水较近的区域，以便遭遇不测时向船上撤退；最重要的是郑成功犯了兵家大忌——轻敌，认为大军压境，孤城无援，拿下南京城易如反掌。这是郑成功抗清以来最大的一次失误，也因此铸成了严重的后果，造成无可挽回的损失。在这样的军事部署下，郑军扎营仪凤门等城门外，从七月十二日部署，到二十四日全军败退，连续十多天没有发动进攻，而是消极围困。

坐镇南京的清朝两江总督郎廷佐、水师提督管效忠见郑军声势浩大，寻思内无粮草，外无救兵，困守孤城，非常艰难。他们一面向清廷飞报求援，一面整备战具坚守城池。面对强大的郑军，南京城本来无力招架，只要郑军稍为用力一攻，南京城顷刻便可拿下。郑军不免滋长出麻痹轻敌的思想，郎廷佐就利用了这一点，打出了一张牌——缓兵。郎廷佐安排水师提督管效忠向郑成功诈降，提出要休整一个月，方能开城投降。理由是清朝军法规定，将领守城不超过30天，妻儿老小都要被杀，希望郑成功体谅他的难处。郑成功考虑，从古到今，攻城战往往伤敌一千、自损八百，南京孤城绝援，不投降没有别的出路；如能免去攻城恶战，也可避免郑军的伤亡。貌似不堪一击的南京城迷惑了郑成功，让他打出了平生最昏的一张牌——围而不攻。郑军渐渐放松警惕，防守松懈。

而此时此刻，城内的清军则积极备战，厉兵秣马。郎廷佐下令将城外靠近城墙的房屋烧毁，扫清视野和射界；

贴出告示，安定民心，同时强令商家出售粮食，稳定百姓情绪；允许百姓进出水西门和旱西门两座城门，购买粮食、柴草，运入城中。派兵严密查访，杜绝内应，并严惩乘机盗抢作乱之徒。加紧储备粮草，置办武器，整修船只；增修船桨、绳索等物品，招募舵公、水手，为水陆反攻做准备。城外的清军也在聚集，向南京城增兵。由于郑军只屯驻于南京城的西北面和北面，南面及秦淮河一带并未驻军，这就为清军守军内外联络留下了通道，提供了机会。几批援兵陆续进入南京城中，城内八旗军和绿营军共集结了近两万人，具备了反击能力。一个月的时间内，清军、郑军的力量对比悄然发生了变化，而郑成功还被蒙在鼓里，胜负的天平开始向着清军倾斜。

小贴士

旱西门：又称汉西门，是南京城西面的一座城门，南面是俗称水西门的三山门，北面是清凉门。该门原为南唐京城的大西门，朱元璋改筑应天府城时，利用原有的大西门并加以扩建，增驻瓮城。1958 年，旱西门大部分被拆除，保留了部分瓮城。

等到南京城守军增加，防御能力增强之时，清军开始准备主动出击，以攻为守。他们选择仪凤门外的郑成功军大营为攻击目标，一旦在此地得手，就能乘胜直取郑军后方大营。这是一个险招，只能成功，不能失败，否则南京城防将一溃而败。

七月二十一日，南京城里的郑军密探给郑成功带来了一个惊人的消息：清军已经兵马齐备，不久就会出城突击。这个情报来得正是时候，郑成功接报后，判断清军主攻方向是仪凤门，他将兵力做了部署。知己知彼，郑成功本来胜券在握，但是他觉得城内清军兵力不足，攻击的力量有限，所以排兵布阵时只是将左提督翁天祐部调往仪凤门和旱西门之间，以便随时对两个方向进行增援，主力

远眺仪凤门

仍按原部署不变。

七月二十三日，清军筹划多日的反击行动开始实施，以火炮集中轰击郑营前锋镇，很快压制住郑军火力，郑军火炮大多被击毁。清将梁化凤督兵掘开封闭已久的神策门，乘夜突袭郑军营寨，郑军猝不及防。等郑成功听到炮声，知道清军已大举出动，再命令左提督翁天祐部前往救援，为时已晚，郑军前锋全军覆没，甘辉等将领阵亡。郑军中号称“铁人”、所向披靡的虎卫镇将士，也因身披重甲，行动迟缓，在撤离江岸时多数身陷泥沼，或溺水身亡。

此时郑成功意识到局势的危险，组织了反击，他将军队收缩于城北高地，准备依托幕府山居高临下的有利地势，背靠江边的庞大舰队抗击清军。郑军虽有强大的舰队，却没有在幕府山一带建立起完善的防御体系，各部之间距离过大，留给对手以绕道偷袭的空间，不利于己方及时增援。况且此时军心已乱，腹背受敌，统帅军令无法传达，反击效果甚微。面对陆上三路、水上一路共四路清军的强势攻击，郑军呈现败退之势，不到半天时间，郑军多处阵地相继被清军攻破，剩下的人马纷纷向江边溃散。

郑军水师指挥黄安所部一面拼死抵抗，一面掩护岸上逃来的士兵和随军家眷们撤退，先后从水中救起数千名跳入江中逃回的郑军士兵。激战中，郑军水师损失大小船只 500 多艘，郑成功军团的前锋镇、左先锋镇、援剿右镇、后劲镇、前冲镇、宣毅左镇、左武卫、左虎卫等陆军部队先后被重创或歼灭，郑军的损失在 2 万人以上，提督、镇将等高级将领死伤多人。

大势已去，败局已定，无奈之下郑成功只得下令放弃南京，撤兵上船，退入江中，撤回厦门。南京围攻战就这样以郑军的惨败告终，这是郑军由盛而衰的一个转折点，从此之后，郑成功由陆地作战转向海上作战。

回顾郑成功与张煌言的北伐战役，不难看出原本有取胜可能，却因为屡出昏招，断送了大好时机。先是大军抵达崇明岛时，张煌言主张占据崇明，使军队有接应的余地，而后北上，郑成功没有采纳，认为大军深入，贵在迅速，一鼓作气，不必留守崇明岛。

进入京口瓜洲时，大将甘辉与张煌言都建议先占据镇江、瓜洲，南取丹阳、常州，南遏清军援军，北断清军粮运，使援军不能驰援，南京将处于孤立无援的境地，可以一举攻下。郑成功又没采纳，反而指挥大军直取南京，忽视了镇江、瓜洲的扼守。

当大军包围了南京之后，张煌言又建议集中优势兵力收复南京之后，再攻取芜湖、徽州，郑成功却坚持让张煌言率部西下芜湖，导致兵力分散。攻打南京城时，也没有集中优势兵力，围而不歼，让守城清军有了喘息之机。两个致命的错误在于：一是没有迅速攻打南京城，将其一举拿下；二是没有派兵占领南京周边，切断清军所有增援的通道，南京并没有被郑军彻底围死，城中与外界的联系始终畅通。

五、退守厦门

南京城下大败，郑军元气大伤，船队向东退去。不久前占领的瓜洲、仪征、镇江等地也先后弃守。南京的清军起初在后方紧紧追赶，因为缺乏战船，鞭长莫及，没能乘胜追击。

八月初八，当郑军撤到崇明岛附近时，郑成功决定先夺取崇明县城，控制长江出海口，再去厦门等地调取援兵，以图再攻南京。但崇明之战中郑军士气不高，不善攻城的弱点再次暴露。初九，郑军乘坐 2000 余艘船只抵达崇明，分多路登岸。初十上午大举攻城，郑成功亲自督战。当时守城的清军只有绿营军 3000 人，他们据城顽抗，施放火铳、弓箭，给郑军以重创，还主动出击，缴获了郑军多门红衣大炮。郑成功只好率船队离开崇明，从海上向南退去。南京失利，也影响到张煌言的计划。郑军兵撤向南，张煌言孤掌难鸣，他的队伍遭遇清军四面夹击，伤亡惨重。张煌言身边只剩数百人，被迫退入浙东。

南明永历十三年（清顺治十六年，1659）九月初七，郑成功北伐船队返回厦门。

兵败南京，让郑成功意识到陆地作战的不足，郑军擅长海战，并有优势，陆战与清军相比处于下风。此时清军实力越来越强大，抗清的力量中只有少数几支队伍还有能力抗击，大多数已被清军灭掉。郑成功也清楚地意识

小贴士

平海五策：清廷对郑成功诱降无效，交战又不能取胜，束手无策。南明永历十五年（清顺治十八年，1661），清廷采纳郑成功叛将黄梧的建议：一、禁止福建、广东、浙江沿海居民居住，迁离三十里之外，断绝人民对郑成功的接济；不许人民在沿海居住。二、烧毁所有船只，寸板不许下海，断绝郑氏水师的舰船维修。三、严惩京城羁押的郑成功之父郑芝龙，断其心智。四、挖掘郑氏祖坟，断其命脉。五、投诚兵官散住各府州县，虚靡钱粮，贻害地方不浅，将投诚官兵遣散各省分垦荒地。

到光复大明，仅靠福建，难以为继，必须有牢固的根据地。加上此时清廷采纳郑军降将黄梧的“平海五策”，对郑军进行封锁，断绝了郑军物资补给线，郑成功思考再三后，决定将强化水师、寻找更巩固的抗清基地作为主要策略。选择哪里作为基地？他将目光投向了与金门、厦门隔海相望的台湾。

第七章　东征台湾

台湾省位于中国东南海上，由台湾本岛及兰屿、绿岛（火烧岛）、琉球屿、龟山屿、彭佳屿、钓鱼岛、黄尾屿等22个附属岛屿，澎湖列岛64个岛屿组成。主岛台湾岛，西隔台湾海峡与福建、广东两省遥对，西北部与大陆海岸最近处距离140公里，东北距琉球群岛冲绳岛约600公里，南距菲律宾吕宋岛约350公里，全岛面积约36006.2245平方公里。

台湾自古就是中国的领土，有研究表明，成书于战国时期的《尚书·禹贡》谓之“岛夷”，《汉书》称之为“东鳀”，隋代以前称“夷洲”，隋、唐以后至宋、元，以“流求”称之。明代以“大琉球”称冲绳岛上的琉球王国，以“小琉球”称台湾。清康熙二十二年(1683)，清廷设立台湾府，台湾作为地名并指称全岛，就固定下来了。

早在旧石器时代，台湾与大陆就有联系。隋唐以后，大陆沿海人民开始渡海赴台垦荒，从事农业生产。12世纪南宋时，澎湖已经隶属福建路晋江县；元代，澎湖、台湾成为中国东南沿海的门户，地位日渐重要；13世纪中叶，元朝政府在澎湖设置巡检司，管辖澎湖、台湾诸岛屿；至明代，台湾、澎湖成为中国海防要地，与大陆的经济来往进一步加强，东南沿海尤其是福建漳州、泉州一带的人民开始大规模迁往台湾从事开发，促进了台湾经济的发展。

17世纪往来于台湾海峡的中国帆船

一、西方殖民者侵入台湾

美丽的台湾，富饶的宝岛，引起了西方殖民者的觊觎。强大起来的西方殖民者不断向东侵犯，窥视中国领地。从明万历二十九年(1601)开始，荷兰殖民者驾大舰，携巨炮，以贸易、通商为名，对我国沿海各地进行袭扰。次年8月，荷兰东印度公司派遣韦麻郎率船队抵达澎湖，因当时岛上没有明朝守兵，他们便在岛上“伐木筑舍，为久居计”，后被明军驱赶撤离。这是荷兰人第一次进犯澎

《大员港市鸟瞰图》描绘荷兰殖民时期的台湾

湖。1622 年荷兰雷尔生率舰队抵达澎湖，进入马公港，并计划在澎湖凤柜尾修建城堡。面对荷军的挑衅，1623 年冬天，福建水师在厦门打败荷兰兵船。1624 年福建水师在澎湖北部吉贝岛登陆，与荷军交战获胜，荷兰人从澎湖撤退。荷兰殖民者在澎湖战败后，又在台南登陆，侵占了台湾。天启六年(1626)，西班牙殖民者入侵台湾北部。崇祯十五年(1642)，荷兰打败西班牙，占领全岛。

1624 年 9 月，荷兰人在台湾安平构筑奥伦治城，后改称热兰遮城(即台湾城，今台南市安平古堡)，1653 年又在

热兰遮城(台湾城)模型

赤崁地区建筑普罗文查城(即赤崁城,今台南市赤崁城),企图长期盘踞。台湾人民饱受荷兰殖民者的欺压,也曾进行过反抗,其间大规模反抗是 1652 年的郭怀一起义,但都被荷兰人镇压下去了。

二、东征台湾

北伐失败后,就全国而言,明、清双方在军事和政治上的形势已发生很大变化,南明永历政权蜷缩西南地区,一蹶不振,郑军虽然可以有效控制沿海岛屿,后勤供应系统却无法支持整个军队的运转。即便金门、厦门尚在郑军手中,但是金门寸土、厦门丸城,不足以养兵,此时郑军的物资出现严重匮乏。抗清以来,郑军长期征战,将士长年背井离乡,在海上漂泊,人员及其家属需要安定下来。郑成功曾说:“我欲平克台湾,以为根本之地,安顿将领家眷,然后东征西讨,无内顾之忧,并可生聚教训也。”

南明永历九年(清顺治十二年,1655)十一月,郑成功封锁台湾海面,禁止大陆沿海港口、外国商船与台湾荷兰人通商,禁令两年,荷兰殖民者经济损失很大,荷兰驻台湾总督揆一派通事(翻译)何斌前往厦门与郑成功洽谈。

何斌又名何廷斌，福建南安人，早年曾去日本经商，后追随郑芝龙去台湾。荷兰人占领台湾时期，何斌掌握了荷兰语，被荷兰东印度公司聘为通事和会计。揆一让何斌与郑成功谈判，主要考虑他曾经是郑芝龙的部属，便于沟通。荷方答应每年向郑成功纳银 5000 两、箭 10 万枚、硫黄千担。当时郑成功正全力准备北伐战事，也就同意了揆一的请求，同时秘密交待何斌为郑氏代征所有开往中国大陆商船的出港税。

北伐失败后，郑军元气大伤，荷兰殖民者认为郑军已丧失军事优势，不足为惧。另外，荷兰增派军舰驶往台湾，军事力量持续增强，不再向郑方缴纳商船税，并且对郑方代理人何斌进行处罚。南明永历十四年(清顺治十七年，1660)一月，何斌潜回厦门密见郑成功，将台湾百姓深受荷兰殖民者压迫、盼望郑成功出兵解救的情况向他做了陈述，并且献上了台湾水路地形图。何斌是个有心人，他在台湾多年，留心观察，又遣家人郭平驾小舟假装钓鱼，顺鹿耳门至赤崁城，多次勘察水路，暗暗记录了港湾、航道、潮汐、要塞等的详细情况。

郑成功对台湾关注已久，一是出于抗清根据地的需要；二是出于海外贸易的保护；三是台湾被荷兰殖民者占据，与郑军时有摩擦，何斌又反映了台湾人民盼望摆脱殖民者的愿望。郑成功对于战胜荷兰人也充满自信，但是愁于对台湾水路、地形不熟悉，如何让战船进入台湾，打荷兰人一个措手不及？何斌献图，化解了难题，让他下了决心，收复台湾。此时郑成功通过各种渠道（包括何斌提供的情况），对于荷方在台湾的兵力部署已经悉数掌握，随后他加紧了收复台湾的准备工作。1660 年冬，郑成功派出大批军队到广东潮州地区筹集粮食；1661 年正月，他在厦门大修船只，听令出征。

南明永历十五年（清顺治十八年，1661）正月，郑成功在厦门召集军事会议，商议东征收复台湾事宜。他表示台湾田园万顷，沃野千里，可以作为根本之地，解决后顾之忧，因此决定收复台湾。但是郑成功的建议遭到了诸多将领的反对，理由是荷军船坚炮利，火力凶猛，强攻台湾，势必损失严重；台湾尚未开发，瘴气弥漫，水土不适，不利郑军久居；举兵东征，厦门、金门空虚，很容易被清军攻占，厦门数次失守颇能说明问题。

在所有反对声中，最激烈的是鲁王部下张煌言。他认为怎么可以放弃闽、浙大片疆土，舍弃千万支持南明光复的百姓，去攻占一个岛屿？若去台湾，则金门难守，厦门也难保，失去金门、厦门等于失去天下民心。张煌言竭力反对郑成功收复台湾、经营台湾，最为核心的问题是担忧郑成功偏安台湾后忘记了抗清大业。不仅张煌言这样想，当时很多人都有同样的想法。然而郑成功自始至终没有忘记“国破山河在”，没有忘记隆武帝的嘱托，时时刻刻将光复大明江山铭记在心。而且他有更广阔的视野与更深远的计划，收复台湾不仅可以解救身处水深火热的台湾同胞，驱除荷兰殖民者保台湾一带的平安；还可以以台湾为基地，光复大明。后来在郑成功出征台湾，船队行驶到澎湖时，张煌言两次派人带着书信，力劝他放弃收复台湾的计划，郑成功依然坚持己见。

将领的反对，让郑成功的心有些乱，他不理解为什么众将如此反对收复台湾。仅靠厦门、金门，无法持久抗击清军，没有牢固的根据地，就不能发展军队的经济，壮大力量。收复台湾，抵御外侮，可使东南沿海至台湾长治久安。将领们看到了攻台之险，却没看到台湾之利；看到了厦、金之安，然而忽视了厦、金之危。人无远虑必有近忧，将领们居安没有思危，无法理解台湾的重要性，也不能理解收复台湾的意义。

军事会议上只有参军陈永华、水师杨朝栋等少数将领表示赞同，认为“台地肥饶，红夷强而兵少，若无众临之，可得地屯田积粟，足食十万兵。”(《南明史·陈永华传》)陈永华还说:“大兴舟师前去,审势度时,乘虚觑便,此乃行权将略也。试行之以尽力,悉在藩主裁之。”郑成功非常高兴,在众多反对声中,他力排众议,一锤定音。他的这一次拍板,不同凡响,掷地有声,从此将宝岛台湾揽入祖国怀抱。

考虑到东征关系重大,郑成功决定亲率大军,厦门交长子郑经留守,并安排老将洪旭、黄廷,族兄户官郑泰,参军陈永华等辅佐。然后中军大营移驻金门,亲自部署督造、修葺战船,准备渡海作战。郑军船队,所用战船大多为福船,包括中军船、龙熕船、沙船、鸟船、八桨船、小哨、

小贴士

福船:中国古代海船中的一种船型,首部尖,尾部宽,两头上翘,首尾高昂。吃水深,可达四米,两舷向外拱,两侧有护板耐冲击。大福船高大如楼,能容百人,但机动性能不好,适合于海上航行,可以作为远洋运输船和战船。小福船分为哨船、冬船,机动性好;更小的称鸟船、快船,适合用来侦察。福船主要活动在福建、浙江一带沿海。

快哨、乌船、小乌龙船等十多种。这时候传来清朝顺治皇帝的死讯，郑成功估计清廷面临国丧，新主尚未继位，一时不会大动干戈、派兵围剿，此时东征台湾乃是最好时机。何况北风季节即将过去，迎来南风，逆风行舟多有不便，出师东征不可再延时间。同时澎湖密探也发来密报，荷兰人见北风即将过去，而郑军迟迟未能发兵，二月时停泊在台湾海面守卫进港要冲的12艘荷兰夹板战船，驶离台湾海面，守卫台湾的荷军警惕松懈，守岛荷军只有2000人左右（又一说2300人）。即使向千里之外的巴达维亚（今印度尼西亚雅加达）求援，荷军舰队顺风行船也需要20多天的时间。天赐良机，此时不出兵，更待何时？

三、借道鹿耳门

南明永历十五年二月初一（1661年4月19日），郑成功率领众将士在金门“祭天”“礼地”“祭江”，举行隆重的誓师仪式。誓文曰：

本藩矢志恢复，念切中兴。前者出师北讨，恨尺土之未得，既而舳舻南还，恐孤岛之难居，故冒波涛，欲辟不服之区，暂寄军旅，养晦待时。非为贪恋海外，苟延安乐。自当竭诚祷告皇天，并达列祖，假我潮水，行我舟师。尔从征诸提、镇、营将，勿以红毛炮火为疑畏，当遥观本藩鹢首所向，衔尾而进。

郑军东征舰队集结于金门料罗湾待命，万事齐备只待东风。郑成功的部署是多梯次远程奔袭和登陆作战两种方式：首先占领澎湖，以此为前进基地，而后乘涨潮之机由鹿耳门驶入台江，在台江东岸实施登陆，切断赤崁城与台湾城两大城堡之间的联系，分别攻克，进而全控台湾岛。4 月 21 日，郑成功率舰队 2.5 万人（一说 3 万多人，还有一说 1.1 万人）乘坐 400 余艘舰只从金门料罗湾出发，直趋澎湖。

荷军的据点热兰遮城与普罗文查城（即台湾城、赤崁城）位于台南市，这里海岸曲折，两城之间有一个内港，叫作台江。台江西南面有七座山屿相连，叫作七鲲（传说中的大鱼）。每座山屿相距一里多。一鲲北面隔海有北线尾小岛，其间海面叫大员港（又称安平港）。北线尾北侧为鹿耳门港。荷兰人修筑的城堡台湾城在台江西侧的一鲲，赤崁城在台江的东侧，互为犄角。

从外海进入台江有两条航路:一条是大员港,为南航道,在北线尾与一鯤之间。南航道口宽水深,船容易驶入,荷军在港口有战舰防守,陆上又部署了重炮,火力凶猛,整个航道都在火炮射程之内;另一条是北航道,在北线尾与鹿耳门屿之间,即“鹿耳门航道”。港道迂回,岛屿密布,形如鹿耳,故名。水浅道窄,只能通过小舟,进不了大船,是一道天然屏障,荷军在此没有派兵把守。让荷军没想到的是,早先何斌已经派人对鹿耳门航道进行了勘测,遇到大风大潮时,潮水上涨,水位要比平时高五六尺,可行大船。

荷军认为,鹿耳门航道凭借天险,万无一失,只要用舰船封锁南航道海口,与台湾城、赤崁城的炮台相配合,就可阻止郑军登陆。让荷军没想到的是,郑成功偏偏选择了“天险”鹿耳门。

24 日晨,船队越过台湾海峡,到达澎湖群岛。次日,郑成功对群岛进行巡视,认为澎湖在军事上很重要,遂令四位将领留守,自己则率军继续东行。在海上行进了四天,28 日船队抵达柑橘屿(今东吉屿、西吉屿)海面时,突然遭遇风暴,阴雾弥漫,行进受阻。东征时考虑速战速决,固郑军所带粮食不多,原打算尽快夺取荷军粮仓,然而风暴阻挡行程,军粮告急。无奈之下,船队只好折回澎

鹿耳门登陆处纪念碑（傅想容摄）

湖，筹集粮食。但是只筹到百余担的大麦、番薯，根本无法满足大军之需。摆在东征大军面前的是两难选择：退，如果无限期停驻澎湖候风，不仅影响军心，更重要的是不能按预定日期开进鹿耳门港。根据事先的调查，要顺利进入鹿耳门,必须利用每月初一和十六日的大潮,如错过时机,就要向后推迟半个月,很可能前功尽弃。进,可能战斗到一半,无粮可供,战士如何打仗?与其受困于粮食,不如抓住时机,迅速出击,在粮食尚能维持数日之时,拿下台湾。郑成功当机立断,夜间传令冒风起航,在暴风雨中强渡。鉴于风大浪险,一些将领力劝郑成功不要贸然从事,暂缓开航。郑成功果断地说:“冰坚可渡,天意犹在。不然,官兵岂堪坐困斯岛受饿也。”4 月 29 日,郑成功指挥船队从澎湖出发,避开赤崁城海岸,绕道而行,悄无声息地在次日黎明顺利抵达台湾鹿耳门外海面。见到鹿耳门,郑成功悬着的心落下了。他身先士卒,换乘小船,由鹿耳门登上北线尾,踏看地形,并派出精兵潜水进入台江内海,侦察荷军情况。

4 月 30 日中午,鹿耳门海潮果然大涨,借着大潮,郑军大小战舰顺利通过鹿耳门后,立即兵分两路:一路登上北线尾,一路驶入台江,在赤崁城(今台南)附近的禾寮港(今台南忠义路一带)登陆,切断了台湾城与赤崁城荷军的联系,并立即在台江沿岸建立起滩头阵地,准备从侧背进攻赤崁城。在北线尾登陆的郑军,驻扎于鹿耳门,以牵制荷兰侵略军兵船,兼防北线尾。

饱受荷兰殖民者欺压的台湾百姓见到郑成功大军到

达，争先恐后地出来迎接，用各种方式帮助他们登陆。郑军将士深受鼓舞，士气高昂，各镇士兵快速穿插，占据有利地形，完成了对赤崁城的包围。

突如其来的郑军船队，从天而降的郑军将士，让荷军惊慌失措……

第八章　兵临赤崁城

对于郑成功进攻台湾，荷兰殖民者早有耳闻，他们把军队集中在台湾（在今台湾东平地区）和赤崁（在今台南地区）两座城堡，还在港口沉了好多破船，希望以此阻挡

收复台湾之郑成功铜像

郑成功的船队登岸。但是他们没想到郑军乘海水涨潮时从鹿耳门内海进入，登陆禾寮港，从侧后进攻赤崁城，并切断了赤崁城与台湾城的联系。

一、禾寮港登陆

当时驻守台南的荷军分别防守台湾城、赤崁城及其他地方。面对神兵天降的郑成功大军，荷军惊慌失措，但他们毕竟是训练有素的老牌殖民军，镇定下来后，赤崁城的荷军迅速调集炮火，炮击进攻的郑军。同时，荷军又放火焚烧马厩、粟仓。郑成功恐被焚烧粮粟，派杨英等率军前往看守堵御。接着，郑成功调整了部署：命令左虎卫王大雄、右虎卫陈蟒统领船只控制鹿耳门海口，以便接应第二梯队登陆；令宣教前镇陈泽率兵防守北线尾一带，以保障主力侧后安全，并置台湾城荷军于腹背受敌的境地。另派兵一部监视台江江面，切断赤崁城与台湾城的联系，为从海、陆两面打败荷兰侵略军的反扑做好了准备。

郑军的主力则从赤崁城以北的禾寮港登陆，郑成功身先士卒，冒着荷军的炮火，率先登岸。在郑成功率先垂范的影响下，将士们争先恐后，奋勇向前，迅速登岸。随后，郑成功指挥大军向荷军驻守的赤崁城进发。

台南赤崁楼(傅想容摄)

驻守赤崁城的荷军只有400人左右,驻守在台湾城的荷军约1100人。面对数万郑军,赤崁城荷军司令官描难实叮故作镇静,他依仗手中的洋枪,叫嚣“一个荷兰兵可以抵上25个郑兵!”从武器对比上讲,郑军缺少火枪,处于劣势;但是郑军人多势众,士气高昂,而且也携带了火炮。

二、海上恶战

陆地上郑军包围了赤崁城，海面上一次势均力敌的海战正在进行。

荷军占船坚炮利的优势，气势汹汹地向郑军水师扑过来。17世纪的荷兰海军是当时世界第一流的海军，他们怎么会把落后老式的中国水师放在眼里？他们认为在强大的荷军战舰攻击下，中国水师会不堪一击，迅速瓦解。荷军的主力舰赫克托号、斯·格拉弗兰号都是大型战舰，长100米，宽20米，船板厚0.6米，船上装有二三十门大炮，火力很猛。船上竖有5个桅杆，船帆八面受风，行驶速度快。与荷军主力舰一比，郑军水师劣势明显：船体30米左右，船小而行驶速度慢，最关键的是炮火太弱，一条船上只装有2门炮。

两军相遇，赫克托号抢先开火，火力猛烈。荷舰利用强大炮火压制郑军舰船的进攻，在凶猛的炮火中，郑军的几艘舰船中弹起火。顷刻间，海面硝烟弥漫，火光冲天。

面对强势的荷军战舰，郑军没有退缩，以60条小船迎敌。小船速度虽然不快，可是操作灵活。郑军采取了以灵活对速度的战术，避免硬拼，同时用有限的炮火减缓敌舰的速度，以掩护小船的进攻。郑军集中炮火，专打敌舰上的樯帆。荷军舰艇有 5 个桅杆，受风面积大，提高了船速，可一旦风帆损失，无法八面受风，船速就会减缓。没有火枪，郑军将士发挥中国“火箭”的威力，向敌舰射击捆绑有火苗的弓箭，箭矢落在荷军战舰风帆上，烧坏了风帆。

荷军战舰以原木制造，非常坚固，小口径的火炮对它的破坏性很小，可是有一个弱点——怕火。郑军据此派出了数十艘小火船，船上装满火药，靠近敌舰后，用铁链将小船钉在敌舰上，点燃火药，士兵则跳进海里，游水回来。

强大的敌舰、凶猛的炮火对郑军水师威胁极大，郑军多艘战船被击中，战斗力减弱。战局似乎对荷军有利，荷军气焰嚣张。但是面对挫折，郑军水师不急不躁，一方面战船与敌舰周旋，用炮火回敬；另一方面小火船继续冲向敌舰，船上的士兵早将生死置之度外。敌舰也发现了郑军的意图，用炮火封锁海面。一艘小火船被击沉，另一艘小火船继续前进，前赴后继，绝不退缩。

交战中，郑军战舰的大炮击中了赫克托号的弹药仓，引起爆炸。一声巨响后是连续的爆炸声，瞬间大火、浓烟升腾，赫克托号被炸成碎片，舰上 100 多名荷军水兵葬身海底。荷兰人没有想到他们如此先进、巨大的战舰，会被中国水兵炸沉，他们惊恐万分，见到海面上冲向他们的小火船，慌了手脚，很快就丧失斗志，赶紧调转船头，准备撤回。

想跑，没那么容易。打红了眼的郑军水兵摇起小火船，向斯·格拉弗兰号、白鹭号冲去。一艘小火船靠上了斯·格拉弗兰号的船舷，铁链钩挂上了船体，火势迅速向战舰蔓延。荷军水手慌乱中砍断铁链钩，将小火船推离战舰，随后对船体灭火，战舰则迅速驶离交战海域，向台湾岛逃窜。

荷兰的马利亚号通讯船，交战时就在远处观战，如今见到荷兰战舰兵败，赶紧逃之夭夭，驶向了巴达维亚，向荷兰东印度公司汇报去了。

海战激烈，但是持续的时间并不长，仅仅一个多小时就结束了战斗，最终以荷兰战舰仓皇逃离宣告结束，郑军水师打了一个漂亮的歼灭战。

三、围攻赤崁城

郑军舰船在海战中击退了荷兰战舰，陆上围困、进攻赤崁城的战斗也在向前推进。

郑军步兵较水师要弱，虽有几门火炮，将士所持武器仍然是长矛、大刀，与手持火枪的荷军对峙，处于劣势。因此，郑成功对于陆战非常谨慎，他派出 4000 人的藤牌手和弓箭手，对付手持火枪的荷军。

藤牌手持藤牌抵挡火枪的子弹，弓箭手躲在藤牌之后射箭，箭矢如雨，飞向荷军。血肉之躯，如何能抵挡住箭矢？荷军的火枪手刚放了几弹，就被弓箭击倒。台湾城内的总督揆一紧急调遣汤马斯·贝德尔上尉率兵 240 人抵抗从北线尾登陆的郑军，另外派阿尔多普上尉率 200 名士兵乘船增援赤崁城。郑成功早有防备，安排了 4000 多人对付援军，以优势兵力迎敌。陈泽率兵从正面迎击，另有一支小分队迂回到敌军侧后，夹击荷军，把贝德尔打得手足无措，士兵丢盔卸甲，落荒而逃。郑军吸取了南京神策门战斗轻敌的教训，乘胜猛攻，打死贝德尔上尉及部下 118 人，另有 80 多名荷军士兵游水到船上，返回热兰遮城。

增援失败，赤崁城守敌越发着急。赤崁城长官描难实叮又派人前往台湾城求援，揆一再度派出百余人救援赤崁城。荷军将领阿尔多普率船队，乘着夜色躲过了郑军水师，悄悄逼近赤崁城。躲过郑军的水陆两道封锁线竟然如此顺利，阿尔多普不免得意起来，觉得强大的郑军不过如此，徒有虚名。离船上岸后，这一队荷军火急火燎地向着赤崁城飞奔，以为可以一解赤崁城之围，等到他们快到赤崁城时，已经气喘吁吁。天色渐亮，依然没有遇到郑军阻击，荷军松懈了警惕，脚步也慢了下来。正在此时，“轰”的一声炮响划破长空，伏兵四起，一个个手持长矛大刀的郑军将士跃了出来，将百十名荷军团团围住。

荷军虽然受惊却并不慌乱，他们依托岩石等有利地形，仗着火枪的猛烈火力，向围攻的郑军射击。一阵枪响，冲在前面的郑军士卒纷纷倒地，进攻一时受阻。

肉身如何经得住火枪的射击？郑军紧急调来铁人军，他们浑身上下包裹铁甲，脸部也有铁面甲，只有两只眼睛裸露在外。荷军的火枪打在铁甲上，火光四溅，砰砰作响，却不能击穿重装铠甲。铁人武士在枪林弹雨中逼近了荷军，他们挥舞大刀，抡圆了砍。近战火枪没有了优势，荷军只有挨打的份。大刀过处，一个个荷军士兵倒下。驻守在赤崁城的荷军司令官描难实叮在城墙上看得真切，哇哇乱叫，急派守城士兵出城救援，将阿尔多普等 60 多名残兵败将抢进赤崁城。

荷军水上一路、陆上两路人马救援，均告失败。原本可以互相支撑的赤崁城、台湾城被郑军切断联系后，成了两座孤立的城池。守城荷军领教了郑军的厉害，龟缩在城池里不敢出来。台湾城的荷军长官揆一明白仗着城池之险,可以固守一时,但是不能长久。狡猾的他一面派使者去郑军大营求和,愿献上十万两白银,以求郑军退兵,暗地争取时间;另一方面偷偷派人前往巴达维亚搬兵求援。

5月3日,郑军的士兵在赤崁城外抓住了描难实叮的弟弟和弟媳。郑成功对他们晓之以理,说明利害,让他们回城劝说描难实叮投降。接着,又派部将杨朝栋和翻译吴迈、李仲前往赤崁城劝降,表示只要荷军放下武器,就绝对不会伤害他们,并且允许荷兰人带走自己的财产。尽管守城的荷军有所心动,但是并没有行动,他们还心存侥幸,想依仗墙高城固的地形条件,负隅顽抗,等待援军。

郑成功自然了解荷军的花花肠子,赤崁城高3丈6尺(约12米),城墙上有4座炮楼,墙高城坚,一时半晌攻不下来。强攻伤亡太大,破敌三千,自损八百,这样的消耗战是郑成功不愿的。他仔细观察地形,苦思冥想,寻找克敌制胜的方法。这时有当地人告诉郑成功,赤崁城虽有水井,但是水源来自城外高地,如果切断了城外的水源,过不了几日,赤崁城必然缺水,荷军肯定自乱阵脚。好办法,郑成功点头称是,于是郑军果断采取措施,切断城外水源,没有了水,看你赤崁城里的守军还能坚持几天。赤崁城断水了，荷军挖井求水，将井向下深挖了数尺，却见不到水，又新打了几口井，也只是获得一点点泥浆水，这怎么饮用？

孤立无援、断水断炊，赤崁城里的荷军终于熬不住了。5月4日，描难实叮接受了郑成功的条件，签订了投降书，放下武器，交出城门钥匙，收拾行李；5月6日，描难实叮和城中230名士兵退出城堡，成了郑军俘虏。

在鹿耳门登陆一周后，郑成功收复了赤崁城，这对郑军将士以及台湾当地民众都是极大的鼓舞，对于继续顽抗的台湾城荷军则是一个沉重的打击。

小贴士

赤崁城与赤崁楼：赤崁城，亦称红毛城，位于台南，荷兰殖民者所筑。1661年郑成功收复台湾，改置承天府。赤崁楼位于赤崁城内，郑成功攻入台湾，以赤崁楼为指挥部，征讨荷军，尽收台湾失地。承天府设立后，赤崁楼辟为行政机构，隔台江与安平古堡相对。

赤崁城内荷兰人向郑成功投降的塑像

四、台湾民众的支持

台湾民众饱受荷兰殖民者的欺压，曾经爆发过起义反抗，但是均被镇压下去。在郑成功收复台湾之前，就有台湾民众远渡台湾海峡，向郑成功反映民众的心声，希望他能出师收复台湾。何斌则献上了台湾地形、海事图，指出了从鹿耳门登陆的捷径。

当郑成功大军从鹿耳门进入台湾内海，一举登陆成功后，台湾民众闻风而动，他们成群结队地推着小车，提水端茶，迎接郑军，并且作为郑军向导。围困赤崁城，以断水来逼迫守城荷军投降，也是熟悉地形地势的当地人出的点子。在郑军与荷军交战时，他们扮演了不同的角色，全力支持郑军。他们像侦查员，为郑军侦察敌情；他们又是后勤队，帮助郑军运输物资；他们做炊事员，为将士提供饭菜。饱受奴役的台湾民众恨透了荷兰殖民者，企盼摆脱压迫、欺辱。如今国姓爷率师驱赶荷夷，正合民心，他们心甘情愿为郑军做向导、搞侦察、送物资、做饭菜。台湾民众的热情与支持，激励了郑军将士，在得到民众的后勤补给支援后，郑军将士如虎添翼，打了一个又一个漂亮仗，把荷军打得落花流水。

赤嵌城的收复，无疑给郑成功大军传递了一个利好信息：殖民者不可怕，洋枪大炮不可怕。双方武器对比的优劣不是决定战斗胜负的主要条件，攻克比赤嵌城更为牢固的台湾城并不困难，收复台湾，驱走荷兰殖民者，指日可待。

第九章 收复台湾

赤嵌城荷军司令官描难实叮投降之后，携带了一份郑成功给揆一的书信，要求揆一无条件投降，遭到拒绝。郑成功与诸将分析形势，认为不给荷军迎头一击，敌人是不会投降的，必须把揆一打痛、打怕。于是郑军从七鲲南端登陆，候令进攻台湾城。

安平古堡（台湾城）示意图

一、攻打台湾城

台湾城(今台湾安平)是荷兰殖民者设在台湾的统治中心。城周长200多丈,高3丈多,分3层,下层深入地下一丈多,城垣用糖水调灰垒砖,非常坚固。防御设施也很完备,置有数十尊大炮。大炮的射程远,封锁了周围的每一条通道。郑军进攻台湾城,就会暴露在荷军火炮之下,伤亡必然惨重。

为了减少伤亡,郑成功采取了"围困俟其自降"的方针,派遣提督马信率兵扎营台湾街围困荷军,让台湾城的

安平古堡内的大炮(傅想容摄)

守敌熬不住物资的困乏、精神的疲惫。另一方面把各镇兵力分驻各地屯垦，发展生产，种植粮食，做好长期驻守台湾的准备。屯垦也是帮助当地百姓发展农业、繁荣经济的举措。

数月战斗，伤亡减员，台湾城内的荷军此时仅有870人，他们凭借城堡继续顽抗，但是赤崁城被攻破后，台湾城失去了赤崁城的支持，变成了一座孤城。最为严峻的问题是城内粮食一天天消耗，存粮越来越少；而且作为生

郑成功雕像

命之源的水比粮食还紧缺，荷军士兵情绪波动。虽然求援的使者已经派出，然而等待救援却是漫长的。

鹿耳门登陆之后，双方一直进行着零星战斗，郑成功却没有攻城，他采取围而不打的方法，拖着荷军，让荷军始终处于紧张、疲劳之中，消耗战斗力，精神崩溃。

在攻打赤崁城时，郑成功两次写信给揆一，令其投降。信中重申了台湾主权属于中国。“大员（指台湾）紧依澎湖，故此地亦必归中国同一政府之管辖；事实证明隔海两边地区之居民皆系中国人，其处田产自古以来即为彼等所有并垦殖。先时，荷兰船只前来求通商，其人于此处并无尺寸之地，余父一官出于友善指出该地，仅允借给。……现今余已亲统大军临于此地，意在不仅利用此地区，并将建立容纳众多人口之城池。你应该知道，继续占领他人之土地是不正当的。”郑成功还指出允许荷兰人携带原有财物离开台湾，保证他们的人身安全。但是再次遭到荷兰殖民者拒绝。

5 月 2 日，郑军第二梯队 6000 人在黄安等将领的率领下，乘船 20 艘抵达台湾，郑军的兵力得到加强，供给也得到了补充。而守城的荷军没有粮食补充，更加疲惫。郑军开始在通向城堡的街道上筑起防栅，并开挖了一条很宽的壕沟，以此阻止荷军的出城偷袭与逃窜。5 月 5

日，郑成功写信劝揆一，敦促其投降。揆一仍然幻想巴达维亚派兵增援，拒绝投降。

5 月 28 日，荷兰殖民当局接到驻守台湾的荷军在赤崁城战败、台湾城被围的消息后，匆忙组织 725 名士兵，驾驶 12 艘军舰，由雅科布·考乌率领。

闻听援军将来，揆一仿佛打了鸡血，兴奋起来。他叫嚣“决不饶恕中国船上的任何人，见人就杀，不留一个”。7 月 21 日，荷军从水、陆两路向郑军发起进攻，企图用增援的舰船和士兵，把郑军逐出台湾城，并击毁停泊在赤崁城附近航道上的郑军船只，以摆脱被围困境。

经过多日航行，雅科布援军 8 月中旬到达台湾海面。他们眼前的郑军战船船体虽小，却阵容齐整，威武雄壮。雅科布·考乌没敢叫战，来势汹汹的 12 艘战舰停泊在台湾海面上，踌躇不前，加上风大浪高，两军暂时没有交战。雅科布·考乌率领的舰队在海上飘荡了 28 天后，才有 5 艘战船在台湾城附近海面碇泊，其中的“厄克”号触礁沉没，船上士兵被郑军俘虏。郑成功从俘虏口中了解到荷兰援军的情况后，立即部署打援和围城并举的战斗方案。

9 月 16 日，荷舰企图迂回到郑军侧后，焚烧船只，没想到郑军早有防备，来了一个反包围。郑军水师隐蔽在岸边，等敌舰闯入埋伏圈后，炮火齐发，炮弹落在敌舰之上，打了它一个措手不及。经过一小时激战，击毁荷舰 2 艘，俘获小艇 3 艘，荷兰援军损失了一个船长、两个尉官和 128 名士兵(另有说 28 人)，还有一些人负伤。其余的舰船见势逃脱，驶离了台湾海面。荷军在海上惨败，陆地上的进攻同样没有讨到便宜，被郑军一通猛击后，退回了台湾城。

海上、路上，荷军都不是郑军的对手，远道而来的援军又被郑军打个落花流水。台湾城被围困数月，粮食得不到补充，士兵士气低落，不愿继续再战。揆一一计失败，又生一计，开始勾结清军，企图两面夹击郑军。

远在福建的清军，对郑成功的桀骜不驯、顽强抗清一直嫉恨。南明永历十五年(清顺治十八年，1661 年 11 月 6 日)，清朝闽浙总督李率泰致信揆一，称郑成功是“我们共同的敌人”，表示愿意支援荷军，双方联合，一举消灭郑军。揆一也派出使者抵达福建，双方商议共同对付郑成功的方法。清军要求荷兰人先派战舰帮助他们攻打厦门，郑成功必然回师厦门救援，这样可解台湾城之围，又可以在海上、路上给予郑军致命一击。清廷还许诺台湾城解围之后，提供荷军需要的所有军用物资。

揆一传令,命雅科布·考乌率领漂泊在海上的战舰攻袭厦门。此前海战,已将雅科布·考乌打得心惊肉跳,进攻厦门又能得到什么便宜?12月3日,雅科布·考乌率领战败的船只与清军组成联军,准备进攻厦门。他心存畏惧,忐忑不安,战船在驶向厦门的途中转舵,直奔澎湖,然后驶往暹罗(今泰国),逃回巴达维亚。

与清军联手的计划,因为雅科布·考乌的逃离彻底失败了,守城的荷军再度失望。自救无望,清军救援落空,等巴达维亚的救援更是渺茫。为了保命,守城荷军出现了逃兵,不少士兵走出台湾城,向郑军投降。

郑成功从俘虏中了解到荷军的诸多情况后,决定把对荷军的封锁战术转为进攻,在巴达维亚援军到达之前,向台湾城荷军发起猛烈攻击。

在郑军东征台湾的时候,南明、清朝都发生了重大变故。永历帝被清军俘获,清顺治皇帝驾崩,玄烨继承皇位,改年号康熙。1662年1月25日清晨,就在台湾城被围困8个月之后,郑成功下令全面进攻,从东(大员市镇)、南(凤梨园)、北(北线尾)三个方向攻打台湾城。两个小时内,郑军向台湾城及其外围工事乌特利支圆堡发射炮弹2500发,在该堡南部打开一个缺口,并迅速占领了该堡。郑军随即将该堡改成炮台,居高临下,炮击台湾城，台湾城的四角附城亦多处倒塌。揆一在城上督战，可是看到的情形却是全线告急，无险可据，无兵可守，城防即将被突破。揆一焦头烂额，手足无措，一筹莫展。

炮击，进攻，炮击，进攻，反复的炮击，反复的进攻，炮火将揆一的精神打崩溃了。虽然已经是冬季，可是揆一的脑门上却满是汗珠，他心急火燎，神情慌张，坐立不安，犹豫不决。

就在这时，郑成功的通事李仲入城劝降。李仲对揆一说："台湾不是你们所有的，是前太师（指郑芝龙）练兵所在地。今天藩主（郑成功自称）前来，是为了收复中华故土。台湾距离你们的国家非常遥远，难道你们可能在这里驻扎长久吗？藩主还是心怀慈悲之心，不忍杀害你们，对你们网开一面：除仓库的物资不许动用之外，你们搜刮、积累的金银珠宝可以带走。如果执迷不悟，继续负隅顽抗，明天我大军将在台湾城外，堆积桐油、柴草、硫黄，放火焚烧。到时候船毁城破，悔之晚矣。"李仲的话，像一把响槌敲在揆一的胸口，让他心惊肉跳。这哪里是劝降，分明是最后通牒呀。

二、荷军签订投降书

荷兰台湾评议会召开紧急会议，讨论形势及对策。台湾城被围已近 9 个月，荷军死伤 1600 余人，能参加战斗的士兵仅剩 600 百余人，弹尽粮绝、疾疫流行，已经无力继续坚持。为了避免更大的伤亡，评议会一致认为：如果继续战斗下去，可怕的命运将降临到每一个人头上，而且对东印度公司也没有什么好处。评议会 29 人中，25 人赞同投降，4 人反对。走投无路之下，无奈的揆一选择了投降。

1 月 27 日，由评议会出面与郑成功谈判。荷方两位使者求见郑成功，提出有条件投降的建议。郑成功回复了一份信函，信函中指出：台湾城内的荷军如果想活命，必须投降；投降之后所携带的步枪可以带走，允许留下部分粮食和生活财物，但是城内的全部财物必须交出来。在随后的谈判中，郑成功义正词严地指出：荷军没有资格讨价还价，必须无条件投降。

经过谈判，双方达成协议，1662 年 2 月 1 日，中荷双方在条约文本上签字，侵台荷兰殖民者正式投降。至此，郑军对台湾城近 9 个月的围困结束。

揆一在投降协议书上签字。条约重点为:双方停止一切敌对行动。荷方将城堡、大炮、武器、粮食、商品、货币及所有其他物品交给国姓爷。荷兰人可携带一切返回巴达维亚必须使用的食物、工具,以及私人物品。荷兰士兵可以扬旗、鸣炮、荷枪、击鼓、列队上船。国姓爷会释放所有荷兰俘虏。东印度公司应释放所有中国俘虏。

二、台湾回归祖国怀抱

1662 年 2 月 9 日,在台江边沙滩举行受降仪式。荷兰驻台湾长官揆一率荷兰官员走出台湾城堡,向郑成功交上城堡钥匙,并献上一把象征权力的西洋宝剑。

当天正午,在台湾城堡飘扬了 38 年的荷兰国旗被降下来。郑成功率队进入城堡视察。

1662 年 2 月 17 日,揆一率领卢斯杜南号、唐堡号、安克文号、梅顿号、泰伯特号、纳尔登号、白鹭号和罗南号编成的荷兰船队黯然驶离台湾,结束了荷兰在台湾 38 年的统治,宝岛台湾回到了祖国的怀抱。

光复台湾,是郑成功一生的壮举、伟大的功勋。他将宝岛收回到祖国的版图,捍卫了祖国领土的完整。

站在台湾城楼上,郑成功看着荷兰船队灰溜溜离开,

郑成功接受荷军投降图

数万将士浴血奋战，洒尽热血，今天终于可以告慰他们了；环顾台湾城内外欢庆的军民，他心潮澎湃；远眺前方，海面波澜不惊，一种酸楚涌上心头。郑成功眼里饱含热泪，十年奋战，身怀家仇国恨，何时可以重整河山，光复大明，告慰先帝？

开辟荆榛逐荷夷，十年始克复先基。

田横尚有三千客，茹苦间关不忍离。

他轻轻咏诵，用诗来抒发内心的感慨，用诗向将士传递心声。收复台湾实属不易，多少将士血洒台湾。遥想当年，又有多少人理解郑成功收复台湾的意义呢？驱除荷夷，遏制了西方列强对中国乃至东亚的扩张，鼓舞了亚洲人民反抗殖民统治的信心……郑成功收复台湾是中华民族抵御外来侵略的一次成功战例，捍卫了中国主权和领土的完整。

第十章　郑成功生前身后事

曾经让多少人魂牵梦萦的宝岛台湾终于回到祖国怀抱，台湾民众终于摆脱了荷兰殖民者的奴役。

一、开创基业严惩腐败

在与荷军交战时，郑成功已经着手垦荒，种植粮食，他不仅考虑解决大军的吃饭问题，还着眼于长远，使台湾成为抗清的根据地。当时台湾的农垦非常落后，尽管大陆福建等地渡海来到台湾垦荒的民众有数万人，相对于大陆而言，仍然是地广人少，农耕技术水平低下。当时台湾的农业，还是粗放的刀耕火种。

南明永历十五年（清顺治十八年，1661），郑军拿下赤崁城之后，郑成功仿照大明体制，改赤崁地区为东都明京，设立一府二县，改赤崁城为承天府（今台南市），下设天兴（今嘉义）、万年（今高雄凤山）两县。攻克台湾城之后，将台湾城堡连同附郭街市改为安平镇，并在海峡重镇澎湖设立安抚司，作为联系台湾与金门、厦门的机构。改名不忘明朝，这几个府县的名称很有深意：大明王朝北都北京，南都南京，东都以此对应，寄复明之志；南都南京在朱元璋定都建设政权时，改元朝集庆路为应天府，以承天府对应，表示随时迎奉永历帝之意；郑成功老家福建安平，台湾对应也有安平镇，寓故乡之思。以当时的安平为中心，天兴县掌管北路，万年县执掌南路。郑成功任命杨朝栋为承天府府尹，庄文烈为天兴县知县，祝敬为万年县知县。

郑成功在经济上推行屯田政策，鼓励寓兵于农。东征台湾以来，以及过去长期与清军的征战中，粮饷供给一直困扰着他，收复台湾可以建立稳固的后方基地，能够长期对抗清军。进入台湾之后，发展农业生产势在必行。他也注意发展对外贸易和民间贸易，奖励大陆东南沿海人民迁台定居，开垦荒地，推广先进农耕技术。由于军队和移民的开垦活动，不久台湾西部出现了新建的村镇，文化教育也有了发展。

郑成功治军以严明著称，内外同法，不分亲疏，一视同仁。士兵侵犯百姓，即便是偷拿一根葱，也会遭遇责罚。厦门失守时，追究责任，叔父郑芝莞被砍了脑袋。对于违犯军纪的将士，郑成功从不徇私，即便是战功赫赫的将领，也绝不徇情。

大将杨朝栋追随郑成功南征北战，战功赫赫，深得器重，后被任命为承天府第一任府尹。但是主持台湾政事之后，杨朝栋堕落了，他伙同万年县知县祝敬、粮秣官等结党营私，徇私舞弊，克扣军粮，用来营造官邸，生活腐化。郑成功经过调查，认定杨朝栋等官员的腐败事实确凿，尽管心痛，仍然下令处死。杨朝栋被斩首，对于台湾初定，稳定政局，打压腐败，取得了杀一儆百的效果。像杨朝栋这样的功臣，郑成功的左膀右臂，违法尚且治罪，其他人还敢犯罪吗？

郑成功执法不徇私情，对百姓、部属、亲属，一视同仁，不搞法外开恩。长子郑经很小时候就跟随郑成功征战，此后留守厦门。郑经与四弟的乳母陈氏行为不轨，亲家斥责郑成功治家不严。郑成功深受儒家思想熏陶，对于家庭人伦非常重视，得知情况后，勃然大怒，让使者去厦门传令，诛杀郑经，相关人员一律重罚。后来因为郑成功在台湾突然病故，郑经才免于一死，并在父亲去世后，承袭了延平郡王封号。

进驻台湾后，郑成功强调“民为邦本，虽取民之中，必存爱民之意”。郑成功治台，立法严明，无论何人，凡犯奸与盗,杀无赦。因此,街市商家露天存放百货,没有被偷盗的,有路不拾遗之淳朴民风。

二、寓兵于农鼓励开垦

台湾自古就是中国的领土,但当时农业生产落后,经济发展缓慢。虽然数百年间,也有福建等地的民众渡海来到台湾,开垦荒地,发展农业,毕竟人少力微。为了断绝郑成功抗清基地建设,清朝实施迁海令与封锁政策,使

小贴士

迁海令:为孤立瓦解在东南沿海的抗清力量,顺治十八年(1661)清政府颁布法令,强令江南、浙江、福建、广东沿海居民,内迁 15—25 公里,商船民船一律不准入海,其中广东地区连续内迁 3 次。沿海的船只与界外的房屋全部烧毁,城堡拆除,越界者不论远近立斩不赦。迁海令对郑成功等抗清力量的封锁并没有达到预期效果,对沿海各省的经济破坏则十分严重。康熙二十二年(1683)清朝统一台湾,迁海令终止。

沿海人民饱受痛苦，这也阻碍了大陆民众前往台湾。荷兰殖民者对台湾长达38年的残暴统治，将民脂民膏搜刮一净，制约了台湾农业经济的发展。

郑成功收复台湾后，推行法治，鼓励垦荒。寓兵于农，战时是军队，驻守时就是农民，开荒耕地，种植庄稼。这样一则减轻了军队对老百姓的粮食依赖，也减少了百姓承担的赋税；二则增加了粮食生产，军队自己就可以解决粮食供给。对于土著居民，派遣有农事经验的汉族农民教他们驱牛耕田，并解决庄稼种植中的技术问题，改善生产方式。

郑成功还鼓励文臣武将及其亲属开垦。为了落实垦荒政策，郑成功颁布了8条命令，倡导官兵修造田宅，可以遗留子孙后代，并告诫臣子应当按照自己能力经营，不准侵占百姓产业。如有违规，按法究治。

开垦荒地，种植作物，收获归个人，可以遗传子孙，这些措施既激励了将士、民众开垦，发展了农业生产，又保护了劳动所得，杜绝侵占他人劳动成果的行为。因此将士们驻扎到一个地区后，就盖起茅屋，披荆斩棘，开垦荒地，之后一片片农田被开垦出来，一片片庄稼生长起来。军队驻扎的地方，逐渐成为村落，至今在台湾还保留着当年屯田时的老地名，如林凤营、新营等。

三、兴办学校开科取士

军事上有兵马未动、粮草先行的说法。经济发展同样离不开教育，十年树木，百年树人，教育是一切之本。台湾当时经济发展迟缓，最关键的是教育落后。荷兰人侵占台湾后，实行奴化教育，向台湾民众灌输奴化思想，想让他们俯首帖耳。

教育是民族兴盛的根，一个被剥夺了教育权利的

台南孔庙(傅想容摄)

民族，是没有思想的民族，没有希望的民族。在垦荒的同时，郑成功大力推进台湾的教育事业，建立学校，礼待文人，邀请儒生夫子来台湾执掌教鞭，让民众走进学堂。

一批文人墨客来到台湾，在学堂上高谈阔论，传播知识；结社吟诗，普及传统文化；著书立说，传承华夏文脉，使得当时台湾学术、文化逐渐兴起，教化日备。

四、海上贸易经济振兴

台湾的区域位置与自然环境，决定了海上贸易是它的经济命脉。而海上贸易又是郑成功非常熟悉的，其父郑芝龙做海盗时就经营海上贸易，获利颇丰；郑成功在抗清时期，也是通过海上贸易筹集资金、物资。

在清廷实施海禁时期，郑成功依然与日本、越南、暹罗（今泰国）、菲律宾、柬埔寨等国通商，与荷兰人也有一些贸易往来。他把本地的土特产运送到这些国家，以换取武器和生活日用品。

执掌台湾后，海外贸易正常化，台湾的鹿皮、樟脑、硫黄、蔗糖等土特产销往国外，以换取所需的白银、铜、农具、生产资料、生活品。

五、英雄身死泪满襟

郑成功对于台湾建设倾注了所有心血，但是常年征战，也损害了他的健康。从起兵抗清到攻占台湾，一共16年，岁月在他身上留下了深深的烙印。为国事担忧，为家事操劳，郑成功尽管只有39岁，可是两鬓霜染，面容已经苍老，体力远不如从前。他何尝不想放缓前进的步伐？但是百废待兴的台湾，有很多很多事情等待着他、需要他，他哪里有工夫坐下来放松一下，哪怕是一天、半天。农垦需要加大力度推行，屯田需要时常过问，杨朝栋的腐败案让他痛心疾首，长子郑经做事不正经令他深恶痛绝，身上的伤痛也时常发作，痛在身上疼在心里。郑成功恨不得长出三头六臂，这样就可以视察更多的乡村，慰问更多的乡民……

身体常有不适，咬咬牙就挺过来了，大风大浪经历过了，又何必在乎一点不适？郑成功没有精力顾及自己的身体，在他心里，他早已身许台湾。他走上了这条艰辛的路，就停不下来了，只能勇敢地向前走，继续走下去。

南明永历十三年(清顺治十六年，1659)五月时，在清军的围剿下，李定国部退守云南西部孟良一带，永历帝退走缅甸。南明永历十五年(顺治十八年,1661)十二月,清兵进入缅甸。南明永历十六年(清顺治十九年,1662)二月,缅王猛白将永历帝及其眷属送回云南,吴三桂恐留着永历帝会有后患,四月二十五日用弓弦将永历帝和太子绞杀于昆明城内逼死坡,结束了永历王朝。明朝自明太祖朱元璋开国至明思宗朱由检共277年,至永历帝朱由榔共294年,至此完结,取而代之的是清朝。永历帝死讯传来,郑成功大惊,提督马信建议"挂孝去朔"(取消永历年号),郑成功坚持不可。虽然他知道消息确实,却依然心存侥幸,希望是误传,望能继续尊奉永历年号。

郑芝龙投降清廷后就被软禁,清廷一直利用他诱降郑成功,但屡屡失败。南明永历八年(清顺治十一年,1654)清廷与郑成功议和破裂,认为郑芝龙的利用价值已经丧失,就将他囚禁在宁古塔。南明永历十五年(清顺治十八年,1661)十月,清廷将郑芝龙及其子弟共11人处死。对于父亲的死,郑成功早已预料到,但是当第二年正月凶讯传来,他还是忍不住顿足捶胸,望北大哭。不久,清廷接受叛将黄梧的建议,挖掘福建郑家祖坟。郑成功闻讯后,气得咬牙切齿,发誓报仇,这许多不幸对于他的身心健康都是重大打击。

郑成功东征台湾，不为同盟、部将理解，众人多有抵触。同盟军、鲁王兵部侍郎张煌言自始至终反对郑成功率师入台，他认为台湾远离大陆，收复台湾是对抗清责任的逃脱。长期追随郑成功的明臣遗老卢若腾、徐孚远也与其意见相左，不愿入台。部属中反对东征台湾的就更多了，他们不愿意冒险犯难，远赴台湾过艰苦生活，甚至

郑成功坐像

发生了金门、厦门将领联合抗命的事情，以致影响到东征大军的粮草供应，征台官兵长期处于半饥饿状况。

日夜操劳的郑成功，脾胃郁积，心力交瘁，身体日益虚弱。南明永历十六年（清康熙元年，1662）五月初的一天，他偶感风寒，浑身乏力，类似这样的毛病并不是第一

郑成功墓址纪念碑即衣冠冢（傅想容摄）

次，他并不在意。头疼脑热的风寒属于常见病，通常卧床休息一周就可痊愈，但是对于操劳过度、透支健康的郑成功来说，却是大病，他的身体已经如油灯燃尽。

郑成功强打精神，像往常一样登上将台，手持望远镜，远望澎湖，看是否有船只到来。他靠侍卫搀扶才走下将台，双腿突然如同灌了铅，身体发颤，出了一身虚汗。回到大殿，郑成功端坐在床上，文武百官拜见，他依然谈论国事，神态如常，官员们竟然不知他已经身患重疾。

收复台湾 4 个月之后的五月初八（1662 年 6 月 23 日），郑成功病危。他自知将不久于世，整理好冠带，请出《明太祖祖训》，坐胡床细细翻阅。都督洪秉诚略通医道，

守护郑成功墓地的石马（傅想容摄）

台南明延平郡王祠

端来药羹送至床前。读至卷三时，郑成功叹曰："自国家飘零以来，枕戈泣血，十有七年，进退无据，罪案日增，今又屏迹遐荒，遽捐人世，忠孝两亏，死不瞑目，天乎天乎！何使孤臣至于此极也。吾有何面目见先帝于地？"而后顿足捶胸，双手抓面，大叫一声，气绝而逝，年仅 39 岁。

一代英雄郑成功心系先帝遗愿，尚未实现光复国土的宏大愿望就撒手人寰。君亡、父死、子乱，积劳成疾，是他英年早逝的主要因素。出师未捷身先死，长使英雄泪满襟。

郑成功逝世后，安葬在台南州仔尾，清朝统一台湾后，又被迁葬故乡南安。康安乡覆船山上修建有郑成功墓室，今在台南永康建有郑成功衣冠冢。

郑成功是抵御外侮、维护祖国统一的民族英雄，是中华民族的骄傲。郑成功也受到台湾人民的敬仰，宝岛上有一百多座祭祀他的庙宇。

小贴士

延平郡王祠：又名开山王庙或郑成功庙，为台湾最早纪念郑成功的官祀，其前身为民间所建的开山王庙。祠庙的本体是三进合院类型，坐西朝东，由山门、正殿、后殿与两侧厢房组成。正殿供奉郑成功，正殿两侧有甘辉将军祠、张万礼将军祠，东、西两庑则供奉明郑殉难文武诸臣牌位、诸臣牌位等。

六、郑成功之后的台湾

对于郑成功收复台湾，当时很多人颇为不解，张煌言就说郑成功此举“生既非智，死亦非忠”。清廷实行“平海五策”断绝了郑军与沿海百姓的联系，也断绝了商人与海

延平郡王祠正殿(傅想容摄)

外的关系。此时抗清力量基本瓦解,只剩下郑成功孤军奋战,形势极为险恶。要想与清廷持久作战,必须开辟新的根据地,打开新局面。郑成功从荷兰殖民者手中收复台湾,一方面建立了持久稳固的根据地,维护了国家领土的完整;另一方面,还把先进的技术和教育引入台湾,改善了台湾人民的生活。他是海峡两岸都推崇的民族英雄,亦是中华民族之大幸。

郑成功去世后,其长子郑经自厦门入台湾承袭其职。在郑经、郑克塽父子经营下,他们又统治了台湾 21 年。在被郑成功称为“卧龙先生”的陈永华的规划之下,推行明制的宫室、庙宇和各种典章制度,使台湾在日后成为一个以汉民族文化为主的社会，有学者认为这“决定了台湾尔后四百年命运”。

清康熙十三年（1674），郑经乘三藩叛乱之机，联合耿精忠出兵福建，占据泉州、漳州以及广东潮州、惠州等地。十五年（1676），耿精忠兵败降清，清军攻打郑经，连克邵武、汀州、泉州、漳州。十九年（1680），攻打金门和厦门，双方在金门乌沙港交战，郑军落败，先撤往铜山，不久之后全军转往台湾，完全失去在大陆的根据地。二十一年（1682）正月，郑经病死，长子郑克壍监国，他与弟弟郑克塽为争夺王位，发生内讧。郑克壍被郑克塽部将冯锡范所杀，郑克塽为延平郡王，内部矛盾因此加深。

清康熙二十二年（1683）六月，施琅统率清军水师 2 万多人，大小战船 300 余只，向澎湖进发。郑军守将刘国轩仓促应战，经过激烈战斗，郑军溃败，损失战船 200 余艘，将士 12000 多人，刘国轩逃回台湾。随后施琅派人去台湾向郑克塽招安，双方在福建谈判，因有分歧而中辍。为打消郑氏集团的顾虑，康熙帝表示只要归降，从前抗违之罪尽行赦免。七月，郑克塽派人到澎湖向施琅交出册印，归降。八月，施琅率领清军抵达台湾，清军在台设官驻军，台湾至此统一于清朝中央政府的管辖之下。

郑成功雄才大业，在乱世之秋，力挽狂澜，又具战略眼光，收复台湾。可惜他长年征战，积劳成疾，英年早逝。其子郑经掌管台湾后，还能继承郑成功的遗业，整理内政，积极建设，但也只是“克守厥成”，没有郑成功那样的伟大宏图了。

郑成功收复台湾的军事斗争，是中华民族反对外来侵略的壮举。郑成功一生39岁，尽管在台湾的时日短暂，但是他对台湾的贡献是巨大的，不仅让台湾摆脱了荷兰殖民者的奴役，回归祖国怀抱，而且让台湾获得了新生，民众受到教育，生产技术得以提高，人民有了归属感。英雄郑成功，他维护了中华民族的利益，捍卫了中国主权和领土的完整，他名垂青史。

参考书目

1. 陈洋、叶玮著:《厦门郑成功纪念馆》,文物出版社2008年版。

2. 谢国桢著:《南明史略》,吉林出版集团2009年版。

3. 陈锦昌著:《失落的超级舰队》,新世纪出版社2011年版。

4. 顾诚著:《南明史》,光明日报出版社2011年版。

5. 王梦洁编著:《郑成功》,吉林教育出版社2013年版。

6. [清]徐鼒撰,王崇武点校:《小腆纪年附考》,中华书局2023年版。

7. 钱海岳撰:《南明史》,中华书局2018年版。

8. 张海鹏、陶文钊主编:《台湾史稿》,凤凰出版社2022年版。

9. 陈孔立主编:《台湾历史纲要》,九州出版社2021年版。

10. 邓孔昭著:《郑成功与明郑在台湾》修订版,厦门大学出版社2014年版。